Simply
QUICK

Mit Fotografien von
Wolfgang Hummer

löwenzahn

QUICK

JULIAN KUTOS

*Einfach
schnell was
Gutes kochen*

Inhalt

7 Absolutely Simply Quick

9 Einfach | Edel | Pur – Nur die besten Zutaten

11 Meine Vorratskammer

12 Was brauche ich zum Kochen?

15 Kochen mit den fünf Sinnen

17 Die fünf Geschmacksrichtungen

    Versalzen, zu süß oder langweilig – wie geht's weiter?

    Wie gehe ich mit Salz um?

    Wie verarbeite ich Knoblauch am besten?

    Richtig gepfeffert

    Lebensmittel mit den fünf Geschmacksrichtungen

21 Der perfekte Schnitt

33 So geht's: schnell kochen, richtig einkaufen, gut planen

34 Die schnelle Beilage

36 Fleisch richtig zubereiten

39 Steak richtig braten

40 Fisch richtig zubereiten

43 Was trinke ich zum Essen?

44 Hinweise zu den Rezepten

GRUNDREZEPTE

46 Mayonnaise

49 Kräuterbutter

50 Hühnerfond

52 Suppenwürze

SCHNELLE SALATE & VORSPEISEN

57 Saibling-Ceviche

58 Thai-Rindfleischsalat

61 Salade Niçoise

62 Mozzarella-, Tomaten- und Pfirsich-Salat

65 Rote-Rübe-, Meerrettich- und Burrata-Salat

67 Caesar Salad

68 Tom Kha Gai

70 Zuppa Pavese

73 Erbsen-Wasabi-Suppe

SCHNELLES MIT BROT

77 Käse im Brotlaib

78 Bánh mì

81 Käsefondue

82 Club-Sandwich mit Huhn und Zitronen-Joghurt-Sauce

84 Schinken-Sauerrahm-Toast

87 Tipps für BrotbäckerInnen

89 Dinkelweckerl

90 Butter-Toastbrot

SCHNELLE PASTA & REIS

94 Pasta Carbonara

97 Penne alla Wodka

99 Zucchini-Pasta-Genovese

100 Chicken-Tomaten-Curry

104 Beef Stir Fry

107 Risi e Bisi

108 Quinoa Bowl

111 Risotto Venezia

SCHNELLES GEMÜSE

114 Baked Sweet Potatoes mit
      Chili-Crème-Fraîche

117 Potato Tostato

119 Pilz-Frikassee

120 Karotten mit Koriander-Pesto

122 Corn on the Cob

125 Sellerie-Chips

127 Ameisen am Baum

SCHNELL GEBRUTZELT

130 Steak nach Alexander-Art

132 Teriyaki-Spieße

135 Zürcher Geschnetzeltes

137 Scaloppine al Marsala

139 Boeuf Stroganoff

140 Lachsfilet à la Sauce Béarnaise

143 Südtiroler Zitronenforelle

144 Saltimbocca

SCHNELLE BRATEN

151 Rindsroulade

154 Brathuhn in der Folie

159 Schweinsbraten

162 Butter-Kartoffelpüree

165 Coq au vin

SCHNELLE DESSERTS

171 Sgroppino

172 Crêpes au caramel

175 Gerührter Wiener Eiskaffee

177 Schoko-Buttercreme

178 Biskuitroulade

183 Gegrillte Ananas

184 Schnelles Himbeersorbet

187 Zabaione

190 Wichtige (Koch-)Begriffe

192 Glossar

192 Bezugsquellen

195 Menüvorschläge

      Elegantes Menü
      Im Sommer
      Im Winter
      Italienisches Menü
      Österreichisches Menü
      Asiatisches Menü
      Französisches Menü
      Vegetarisches Menü
      Für viele Gäste

196 Alphabetisches Rezeptregister

197 Meine Kochschule in Wien

197 Dank

198 Über mich

198 Simply GOOD FOOD – Meine Kochbücher

 vegetarische Rezepte

ABSOLUTELY SIMPLY QUICK

Habt ihr auch manchmal keine Lust, allzu lange in der Küche zu stehen? Aber ihr wollt trotzdem nicht auf etwas Selbstgekochtes verzichten?

Dann geht es euch genauso wie mir! Aus dieser Motivation heraus entstand „Simply Quick", weil schnell und ausgefallen kein Widerspruch sind. Für mich ist gutes Essen keine Frage der Zeit.

In diesem Kochbuch findet ihr schnelle Rezepte aus der ganzen Welt, von Thai-Rindfleischsalat bis Corn on the Cob aus der Tex-Mex-Küche.

Sogar Sonntagsbraten, Brathuhn & Co. könnt ihr ohne viel Aufwand zubereiten.

Ich wünsche euch viel Freude beim Nachkochen!

Euer Julian Kutos

EINFACH | EDEL | PUR – NUR DIE BESTEN ZUTATEN

Kochen, Essen und Genießen zählen für mich zu den schönsten Dingen im Leben. Und ich investiere gerne viel Zeit und Mühe, um diese zu perfektionieren. Meine Großmutter behauptet: „Mit guten Zutaten kann man gar nichts Schlechtes kochen" – diesem Leitspruch bin ich ein Leben lang treu geblieben. Gute Zutaten sind für gute Küche essenziell. Nehmt euch diesen Spruch zu Herzen, ihr werdet es nicht bereuen. Wenn ich einkaufen gehe, achte ich auf folgende drei Kriterien bei der Auswahl meiner Zutaten:

EINFACH

Ich koche am liebsten mit einfachen Zutaten, die überall leicht erhältlich sind. Aus frischem Fleisch, Fisch oder Gemüse kreiere ich Speisen, die ihren Eigengeschmack in den Mittelpunkt stellen und jeweils das verwendete Lebensmittel zum Star machen. Denn ein Steak soll ja schließlich nach Fleisch schmecken.

In einer Welt des Überflusses und der Reizüberflutung ist weniger oft mehr. Ich entscheide mich deshalb bewusst nur für die puren Grundzutaten und nicht für vorgefertigte und bereits verarbeitete Produkte, z. B. Fertigprodukte, Backmischungen oder dergleichen, denn diese Produkte sind weder einfach noch gut.

EDEL

Champagner und Kaviar gelten als sehr edle und luxuriöse Zutaten. Aber auch viel simplere und alltägliche Zutaten können edel sein. Buntes Gemüse, leuchtende Früchte und duftende Kräuter sind der tägliche Luxus, den wir uns gönnen sollten. Der Geschmack von frischen, selbst verarbeiteten Lebensmitteln ist so einzigartig und gar nicht mit dem von Convenienceprodukten aus der Dose oder dem Glas vergleichbar. Ein selbst gekochter Gemüsefond ist edler als jeder Suppenwürfel, schmeckt um Welten besser – und der feine Duft in der Küche inspiriert jeden, daraus geniale Gerichte zu kochen.

PUR, WEIL SAISONAL UND REGIONAL

Für mich sind Erdbeeren nur im Sommer gut, wenn sie süß und aromatisch sind. Außerhalb der Saison haben Erdbeeren keinen vollen Geschmack. Die meisten Lebensmittel, die früher nur für wenige Wochen oder Monate vorhanden waren, sind heute das ganze Jahr über verfügbar. Trotzdem setze ich lieber auf Saisonales und Regionales. Es schmeckt besser, ist günstiger und es erhöht die Vorfreude, wenn man weiß, dass es z. B. frische Kirschen nur für kurze Zeit im Sommer gibt.

Was mir hilft, nur zu puren Lebensmitteln zu greifen, ist das Einkaufen direkt beim Produzenten. Ich liebe den Wochenendkauf am Bauernmarkt, dort, wo sich die Landwirte der Region treffen und frisch geerntete, vollreife Waren anbieten. Die Lebensmittel vom Bauern sind meist nicht nur geschmacklich besser, sondern oftmals auch günstiger und häufig biologisch.

Neugierig rauszugehen und Märkte, Hof- und Bauernläden in der Umgebung zu entdecken, ist ein großes Vergnügen – und man wird mit herausragenden Lebensmitteln belohnt, die wir Simply Quick zu tollen Gerichten verkochen.

Für den schnellen Hunger oder unangekündigte Gäste verlasse ich mich auf meine volle Vorratskammer. Diese enthält die notwendigsten und gut lagerbare Lebensmittel. Die folgende Tabelle hilft dir, deine Vorratskammer anzulegen.

MEINE VORRATSKAMMER

Diese Zutaten habe ich immer zuhause

WEIN & SPIRITUOSEN

Weißwein

Rotwein

Portwein

Prosecco oder Champagner

Rum

Whiskey

Cognac oder Grand Marnier

Weichselbrand

PASTA & REIS

Pasta, verschiedene Sorten

Couscous

Quinoa

Basmatireis

Risottoreis

ZUM BACKEN

Agar-Agar

Gelatine

NÜSSE

Cashews

Pinienkerne

SÜSSES

Kristallzucker

Staubzucker

Rohrzucker

Marmelade (Marille)

Honig

ZITRUSFRÜCHTE

Zitronen

Orangen

Limetten

EINGELEGTES

Grüne und schwarze Oliven

Essiggurken

Scharfe Pfefferoni

Sardellen in Olivenöl

GEMÜSE IN DER DOSE

Mais

Verschiedene Bohnen

Geschälte Tomaten

Tomatenpassata

MEHL & BROT

Weizenmehl, verschiedene Typen

Roggenmehl

Stärke (Mais- oder Kartoffel-)

Semmelbrösel

ÖL & ESSIG

Olivenöl extra nativ

Maiskeimöl

Sesamöl

Kokosöl

Aceto Balsamico

Weißweinessig

Rotweinessig

FRISCHE KRÄUTER
im Garten oder am Fensterbrett

Basilikum

Thymian

Petersilie

Salbei

Minze

Koriander

GEWÜRZE

Fleur de Sel

Grobes Meersalz

Schwarzer Pfeffer

Muskatnuss

Paprikapulver, edelsüß

Kurkuma

Safran

Nelken

Vanilleschoten

IM KÜHLSCHRANK

Selbst gemachte Suppenwürze

Butter

Hefe

Vollmilch

Burrata oder Mozzarella

Sauerrahm

Schlagsahne

Parmesan

EIER

IM GEFRIERSCHRANK

Hühnerfond

Entkernte Marillen oder Pfirsiche

Selbst gebackenes Brot

Hefe

Eiswürfel

Zitronengras

Kaffir-Limettenblätter

ASIATISCHE ZUTATEN

Sojasauce

Austernsauce

Reisessig

Frischer Ingwer

Frische Kurkuma

Reisnudeln

Fischsauce

Mirin (Reiswein)

Sake

LAGERGEMÜSE

Kartoffeln, mehlig- und festkochend

Schalotten

Zwiebeln

Knoblauch

Chilis

WAS BRAUCHE ICH ZUM KOCHEN?

MESSER

Das wichtigste Küchengerät ist ein scharfes Messer.

Ich liebe japanische Messer. Sie sind leicht, schön, liegen gut in der Hand.

Ein Küchenmesser mit 20 cm Länge ist für die meisten Aufgaben ausreichend. Zusätzlich habe ich ein Gemüsemesser. Für Brot und Tomaten empfehle ich gewellte Messer.

Scharfe Messer sind teuer in der Anschaffung. Mit der richtigen Pflege amortisieren sie sich durch eine lange Haltbarkeit. Ich empfehle den Messerkauf bei einem Fachhändler, dort können Messer ausprobiert werden, um für jede Hand das passende zu finden.

AUFLAUF- UND OFENFORMEN

Ob für Südtiroler Zitronenforelle oder andere Speisen aus dem Backofen: Feuerfestes Geschirr aus Keramik, Metall oder Glas ist notwendig für deren Zubereitung.

MÖRSER

Meinen Mörser verwende ich, um Gewürze frisch zu mahlen oder für Pestos. Ich bevorzuge Steinmörser, da diese durch ihr Eigengewicht besser mahlen.

SCHNEIDEBRETTER

Jedes Messer benötigt eine Schneideunterlage. Ideal sind weiche Werkstoffe wie Holz oder Kunststoff. Glas-, Stein- oder Keramikuntergründe machen scharfe Messer sehr schnell stumpf.

In meiner Küche verwende ich nur Holzbretter. Diese haben eine höhere Lebensdauer und eine bessere Optik als Kunststoff. Holzbretter sind lebendig – Schnitte „verschließen" sich wieder, und sie sind natürlich antibakteriell – und damit sehr hygienisch. Idealerweise hast du mehrere Bretter zu Hause: für Fleisch, Fisch, Zwiebeln & Knoblauch etc.

TÖPFE UND PFANNEN

Für Pasta, Reis, Suppen oder Saucen verwende ich Edelstahltöpfe.

Zum Schmoren, für Eintöpfe und zum Anbraten schwöre ich auf Gusseisentöpfe. Diese sorgen für optimale Kochergebnisse, und sie sind sehr lange haltbar. Außerdem kann man sie auch im Backofen verwenden.

Für scharfes Anbraten z. B. von Gemüse sind Edelstahlpfannen mit oder ohne Antihaftbeschichtung ideal.

Für die schnelle Küche ist ein Schnellkochtopf unerlässlich.

KLEINUTENSILIEN

Schneebesen, Silikonspachtel, Allround-Edelstahl-Reibe, Zitronenpresse, Pinsel, Salatbesteck, Vorlegebesteck, Nudelholz, Kartoffelpresse, Schöpflöffel, Nudel-

sieb und Abschöpfer erleichtern mir meine Arbeit in der Küche.

ELEKTRISCHE KÜCHENGERÄTE

Den Stabmixer verwende ich als Universalgerät in der schnellen Küche zum Pürieren, Mixen und Zerkleinern. Ein Handmixer ist unerlässlich für Mayonnaise, Desserts & Co. Für schnelles Brotteigkneten verwende ich eine Küchenmaschine mit Knethaken.

HERD UND BACKOFEN

Ob Gas-, Elektro- oder Induktionsherd, obliegt den Präferenzen jedes Einzelnen.

Ober- und Unterhitze oder Heißluft: Jeder Backofen kann viele kulinarische Wünsche erfüllen. Wichtig ist, dass ihr euren Backofen ausprobiert und kennenlernt, damit ihr optimale Ergebnisse erzielt.

WAAGE

Vor allem für die Zubereitung von Süßspeisen sind Waagen unerlässlich.

SONSTIGES

Weil ich gerne Salat esse, ist eine Salatschleuder sehr hilfreich. Ich wasche einen ganzen Salat, zerreiße ihn und schleudere ihn trocken. Jetzt ist der Salat mehrere Tage im Kühlschrank haltbar. Mit einem Stück Küchenrolle feucht halten.

KOCHEN MIT DEN FÜNF SINNEN

Ein integraler Bestandteil meiner Kochphilosophie ist,
beim Kochen alle Sinne einzusetzen.

SEHEN

Unsere Augen geben uns die Möglichkeit, Frische und Qualität der Zutaten zu überprüfen. Sind die Waren einwandfrei oder beschädigt? Sind sie makellos und ohne Schimmelbefall? Haben Obst und Gemüse strahlende Farben oder sind sie noch grün und unreif?

Beim Kochen sehe ich, wie weit der Kochprozess schon ist. Ist mein Gemüse noch roh oder schon gekocht? Ist das Brot goldbraun oder schon verbrannt?

RIECHEN

Geruch löst beim Menschen starke Emotionen aus. Beim Einkauf rieche ich oft an meinen Lebensmitteln: Duftet das Brot oder ist es muffig? Ist der Fisch frisch? Riechen Kräuter und Gewürze aromatisch oder sind sie bereits ausgeraucht?

Beim Zubereiten ist der Geruch ein Indiz, ob die Temperatur beim Backen, Kochen oder Braten passt. Riecht es angenehm und wohlig, ist die Zubereitungstemperatur in Ordnung. Riecht es sehr streng oder vielleicht sogar verbrannt, sollte die Temperatur reduziert werden. Rieche ich weder Fett, Sauce oder Gewürze, ist mehr Hitze angebracht.

SCHMECKEN

Der Geschmack ist beim Essen der zentrale Sinn. Schmecken die Tomaten aromatisch und reif oder eher nach Wasser? Schmeckt der Käse würzig oder mild?

Neben dem Erschmecken der Qualität ist auch das Abschmecken beim Würzen essentiell: versalzen, fad oder harmonisch [→ Seite 18]?

FÜHLEN

Das Fühlen von Lebensmitteln wird oft unterschätzt, ist aber wichtig, um den Zustand von Cremen, Teigen etc. festzustellen. Ist die Creme fein genug püriert oder enthält sie noch Stücke? Fühlt sich der Teig elastisch an oder zu brüchig? Ist die Sauce heiß genug oder nur lauwarm? Ist die Pasta al dente? Ist das Steak rare oder medium?

HÖREN

Sogar unser Gehör ist wichtig beim Kochen, vor allem, wenn mit technischen Hilfsmitteln gearbeitet wird. Arbeitet die Küchenmaschine mit der richtigen Geschwindigkeit? Passt die Temperatur der Pfanne? Ist es ein Brutzeln oder Zischen? Um festzustellen, ob Brot fertig gebacken ist, klopfe ich auf die Unterseite des Brotlaibes. Klingt es hohl, ist das Brot durch.

Das Wichtigste aber ist: Beim Kochen immer konzentriert arbeiten, so vermeidest du unnötige Fehler.

Weil alle Lebensmittel einzigartig sind, sind Zeit- und Gewichtsangaben nur Richtwerte. Zum Beispiel: Eier haben immer unterschiedliche Größen, Teige brauchen manchmal mehr oder weniger Flüssigkeit, Kartoffeln kochen mal länger, mal kürzer, bis sie weich sind.

Das Wichtigste beim Kochen ist also, mitzudenken und zu schauen, was im Topf oder Ofen gerade passiert, und darauf entsprechend zu reagieren.

SAUER

SALZIG

SCHARF

BITTER

SÜSS

UMAMI

DIE FÜNF GESCHMACKSRICHTUNGEN

Der Schlüssel zum Erfolg beim Kochen ist das Würzen. Wer die fünf Geschmacksrichtungen süß, sauer, scharf, bitter und salzig perfekt kombiniert, erhält ausgeglichene und harmonische Speisen. Abschmecken und Würzen ist sehr subjektiv, da jede Person ein eigenes Geschmacksempfinden und andere Vorlieben hat. Aber auch das Würzen folgt einer gewissen Systematik. Es ist wie mit der Musik: Wer das Grundschema versteht, kann Speisen harmonisch und kreativ komponieren.

SÜSS verkörpert Wärme, Liebe und Herzlichkeit. Süße Speisen erinnern uns an schöne Momente im Leben, Zucker macht Gerichte warm.

SAUER macht lustig, ist ein alter Spruch, der auch beim Kochen gilt. Säure gibt einer Speise brillante, hohe Geschmacksnuancen – wie eine Querflöte in einem Orchester. Sie macht Speisen frischer, leichter und gibt ihnen mehr Eleganz.

SCHARFE Zutaten bringen Feuer und Leidenschaft in die Küche. Schärfe regt den Speichelfluss an, fügt einem Gericht Spannung und Drama zu und regt die Lust an.

BITTER gibt Speisen Tiefe und Körper und schafft Geschmackstöne im Hintergrund. Weil bitter so wichtig für den Geschmack ist, verwende ich sehr viele frische Kräuter und Gewürze – da diese perfekte Träger von Bitternuancen sind.

SALZIG ist der Grundgeschmack, der fast zu jeder Speise passt. Salz fördert den Eigengeschmack von Lebensmitteln, so schmecken z. B. Tomaten mit einer Prise Salz viel tomatiger. Salz gibt einer Speise Balance und gleicht alle anderen Geschmacksrichtungen aus, so dass kein Geschmack negativ hervorsticht. Weil Salz ein zentrales Thema des Würzens ist, verwende ich für alle meine Rezepte nur das Beste: Fleur de Sel. Das ist handgeschöpftes Meersalz aus Frankreich, auch bekannt als Salzblume. Fleur de Sel hat einen lieblichen und weichen Geschmack – im direkten Vergleich dazu ist normales Salz härter, aggressiver und metallisch schmeckend.

UMAMI ist ein Geschmack, der weder süß, sauer, scharf, bitter oder salzig ist. Umami wurde in Japan in Misosuppe entdeckt und ist ein „Komfortgeschmack". Wenn dir bei einem Gericht buchstäblich das Wasser im Mund zusammenläuft, enthält es viel Umami. In der Wissenschaft wird der Umami-Geschmack mit dem Gehalt an Glutaminsäure in Lebensmitteln gemessen. Umami kann auch als „natürlich vorkommendes Glutamat" (nicht zu verwechseln mit dem künstlichen Geschmacksverstärker) bezeichnet werden. Lebensmittel mit dem meisten Umami-Geschmack sind Algen, Parmesan, Gorgonzola, Tomaten, Pilze und Erbsen.

Alle **FETTE** haben zwar einen leichten Eigengeschmack, sie sind aber vor allem Geschmacksträger. Fett bindet sämtliche Aromen, welche dann am Gaumen kleben bleiben. Deswegen schmecken uns fette Speisen so gut.

VERSALZEN, ZU SÜSS ODER LANGWEILIG – WIE GEHT'S WEITER?

Bei jeder Speise geht es um die Balance der unterschiedlichen Geschmacksrichtungen. Ähnlich einem Klavierstück werden mehrere Tasten gleichzeitig angestimmt, um zu einer harmonisch klingenden Symphonie zu kommen.

In einer sehr gut gewürzten Speise können bis zu sechs Geschmackskomponenten gleichzeitig vorhanden sein. Andere Gerichte wiederum kommen auch mit weniger aus. Es bleibt der eigenen Kreativität und Experimentierfreudigkeit überlassen, welche Akzente man setzt.

Hier ein paar Tipps, sollte beim Würzen einmal etwas schiefgehen.

Generell gilt, dass das Zuviel von einem Geschmack durch die Zugabe von einem der anderen Geschmäcker ausgeglichen wird:

→ **Süße** wird runder durch Zugabe von Säure, im Besonderen Zitronensaft.

→ **Säure** wird ausgeglichen durch Süße.

→ **Bitterstoffe** sind ein sehr durchdringender Geschmack, deswegen sparsam dosieren. Zu viel Bitter kann durch Süße leicht verbessert werden.

→ Zu **Scharfes** wird milder durch Süße oder Säure.

→ **Salziges** wird lieblicher und voller durch Süße oder Säure.

Seid mutig und kreativ beim Würzen und traut euch, alle Geschmacksrichtungen auszuprobieren, auch wenn sie auf den ersten Blick widersprüchlich wirken.

In meinen Kochkursen lehre ich den Umgang mit gegensätzlichen Geschmacksrichtungen. Hier sind ein paar Beispiele für Widersprüche, die sich lieben:

→ **Karamellsauce** wird raffinierter durch die Beigabe von einer Prise Fleur de Sel.

→ **Tomatensauce** und **Salatdressings** schmecken mit etwas Süße feiner.

→ **Erdbeeren** und **Balsamico** sind kein Widerspruch, sondern eine süß-saure Symphonie.

→ **Zitronenzeste** über helles Fleisch, Fisch, Salat und Nachspeisen reiben.

→ **Minze** passt hervorragend zu vielen Tomatengerichten.

→ Intensive **Käsesorten** (Parmesan, Gorgonzola, Pecorino) lieben etwas Süße (Birnen, Honig, Chutneys, Gelees etc.).

→ **Honig** und **Chili** sind wie füreinander gemacht.

WIE GEHE ICH MIT SALZ UM?

Perfekt gesalzen heißt für mich, die Speise schmeckt weder langweilig noch salzig, sondern vollmundig und nach sich selbst. Wirkt ein Gericht fad, benötigt es mehr Salz. Prise für Prise nachwürzen und nach und nach probieren, bis die Speise deinem Geschmack entspricht.

WIE VERARBEITE ICH KNOBLAUCH AM BESTEN?

Knoblauch ist ein wichtiger Aromageber in der Küche. Weil Knoblauch einen sehr starken Geschmack hat, sollten wir ihn immer vorsichtig einsetzen.

Deftige Saucen wie Penne alla Wodka vertragen geschnittenen Knoblauch. Für leichte Saucen kann Knoblauch als Ganzes mit der Schale verwendet werden. Den Knoblauch mit einer Messerspitze mehrmals anstechen, in die Pfanne geben, mitbraten oder mitkochen. Vor dem Servieren entfernen. Durch das Anstechen der Knoblauchzehe erhält die Speise ein leichtes, feines Knoblaucharoma, jedoch keinen penetranten Knoblauchgeschmack. Diese Technik kann für alle gekochten Speisen verwendet werden: beim Gemüseanbraten, Saucenkochen etc.

RICHTIG GEPFEFFERT

Pfeffer zählt wie Salz zu den Grundgewürzen. Ich bevorzuge schwarzen Pfeffer, da er würzig ist und eine angenehme Schärfe hat. Pfeffer sollte immer in ganzen Körnern gekauft und luftdicht gelagert werden. Vorgemahlener Pfeffer hat sehr wenig Aroma und eine graue Farbe. Pfeffer schmeckt am besten frisch gemahlen aus einer Pfeffermühle oder grob zerstoßen im Mörser.

Anders als Salz ist Pfeffer temperaturempfindlich.

Ab zirka 90 °C entwickelt er unangenehme Bitterstoffe. Um das zu vermeiden, erst nach dem Braten mit Pfeffer würzen. Bei allen Garmethoden, die auf Wasser basieren (Kochen, Dämpfen, Dünsten), kann der Pfeffer gleich mitgekocht werden.

Wie wäre es zur Abwechslung mal mit grünem, weißem oder rosa Pfeffer? Neben klassischem schwarzem Pfeffer findet ihr bei Gewürzhändlern eine große Auswahl an exotischen Pfeffersorten, mit denen ihr eine andere Würze in eure Küche bringen könnt.

Mein Favorit ist Timut-Pfeffer, eine Sichuan-Pfeffer-Art, die leicht nach Grapefruit schmeckt.

LEBENSMITTEL MIT DEN 5 GESCHMACKSRICHTUNGEN

Die folgende Übersicht zeigt dir, in welchen alltäglichen Lebensmitteln welche Geschmacksrichtung steckt. Viele Lebensmittel können mehr als eine Geschmacksrichtung haben und diese sind manchmal auch von der Saison abhängig. Zum Beispiel Orangen: Zur Hauptsaison schmecken sie sehr fruchtig und süß, im Sommer nicht ganz so süß und eher säuerlich.

SAUER
Saft von Zitrusfrüchten
(Zitrone, Limette, Orange)
Essig

BITTER
Blattgrün
(Spinat, Rucola etc.)
Gewürze und Kräuter
Alkohol
Oliven
Zesten von Zitrusfrüchten

SALZIG
Salz
Sojasauce
Sellerie
Sardellen, Fischsauce, Speck

SÜSS
Honig
Zucker
Frische Früchte
Trockenobst

SCHARF
Pfeffer
Chili
Senf
Meerrettich
Wasabi

UMAMI
Tomaten
Parmesan
Pilze
Sardellen
Sojasauce
Fischsauce

DER PERFEKTE SCHNITT

Ob Chefkoch oder ambitionierter Hobbykoch, der richtige Schnitt für Gemüse, Obst und Co. ist für jeden wichtig. Die richtigen Schneidetechniken helfen nicht nur bei der Zubereitung, sondern verleihen jeder Speise den richtigen Biss für besten Genuss. Hier sind die drei Hauptgründe, warum der perfekte Schnitt zählt:

1. MUNDGEFÜHL

Jede Schnittart hinterlässt ein bestimmtes Gefühl im Mund. Durch den richtigen Schnitt kommt der Geschmack der Speisen besser zur Geltung. Beispiel: kleine Karottenwürfel vs. Biss von einer ganzen Karotte; von einem Kohlblatt abbeißen vs. dünn geschnittener Kohl.

2. OPTIK

Speisen sollen nicht nur schmecken, sondern auch attraktiv aussehen. Gleichmäßig, sorgfältig geschnittene Zutaten machen jedes Gericht attraktiv.

3. GLEICHMÄSSIGE KOCHZEITEN

Gleich groß geschnittene Lebensmittel haben gleich lange Kochzeiten. Damit alle Stücke zur selben Zeit fertig werden und ähnlich durch sind, sollen die Stücke gleich groß geschnitten sein. Zum Beispiel Karotten im selben Gericht nicht einmal würfelig und einmal in Streifen schneiden, stattdessen konsequent in gleich große Stücke derselben Form schneiden.

SCHNEIDETECHNIKEN

Im Folgenden sind die wichtigsten Schneidetechniken in der Küche mit ihren zugehörigen französischen Ausdrücken erklärt.

WIEGETECHNIK

Diese Technik ist für mich die beste Methode, mit einem Kochmesser zu schneiden. Sie besteht aus 4 Schritten:

1. Die Messerspitze am Brett ansetzen, der Rücken ist in der Luft.
2. Das Messer nach unten drücken und das Lebensmittel durchschneiden.
3. Das Messer nach vorne schieben.
4. Den Messerrücken nach oben ziehen und wieder von vorne beginnen.

Die zweite Hand soll mit den Handknöcheln an der Klinge anliegen und das Lebensmittel ins Messer einführen. Achtung, die Finger dabei immer von der Klinge wegstrecken.

Wer diese Technik kontinuierlich und bewusst einsetzt, wird schneller, gleichmäßiger, mit weniger Mühe und Kraftaufwand schneiden.

CHIFFONADE sind lange, hauchdünne Streifen von Blattgemüse oder großblättrigen Kräutern (Spinat, Basilikum, Salbei etc.). Die Blätter wie eine Zigarre einrollen und hauchdünn herunterschneiden ①+②.

JULIENNE sind dünne Streifen in Form von Zündhölzern, idealerweise mit einem Querschnitt von 3 mm x 3 mm und einer Länge von 5 cm. Um Julienne zu schneiden, wird zuerst das Gemüse vorgeschnitten. Die runden Ränder werden abgeschnitten, sodass ein Block mit quadratischem Querschnitt entsteht ③. Von diesem Block werden dünne „Bretter" abgeschnitten. Die Bretter werden dann zu dünnen Julienne geschnitten ④.

BRUNOISE sind kleine Würfel und eine Weiterverarbeitung von Julienne. Die Julienne einfach in kleine Würfel schneiden ⑤+⑥.

Wer beim ZWIEBELSCHNEIDEN zu Tränen gerührt ist, hat die Zwiebel meistens falsch geschnitten. Fürs Zwiebelschneiden ist ein großes, scharfes Chefmesser essentiell, kleine oder gezackte Messer sind dafür ungeeignet. Die Zwiebel als Erstes schälen ①+②. Die Zwiebel halbieren, von Strunk zu Strunk. Eine Zwiebelhälfte auf das Brett legen, entlang der Linien einschneiden ③. Nicht bis zum Strunk durchschneiden, die Zwiebel soll nicht zerfallen. Danach die Zwiebel von unten nach oben einschneiden, ebenfalls nicht ganz durchschneiden ④. Jetzt die Zwiebel von außen nach innen zum Strunk schneiden ⑤+⑥. Je enger die Zwiebel eingeschnitten wird, desto feiner sind die Stücke.

Um Zwiebelringe zu schneiden, die Zwiebel an der dicksten Stelle durchschneiden. Die Zwiebel aufstellen und Scheiben schneiden. Aus den Scheiben die Zwiebelringe drücken.

KNOBLAUCH sollte nie in einer Knoblauchpresse gepresst werden, er schmeckt penetrant und in der Presse bleibt viel hängen. Eine bessere Methode ist es, den Knoblauch zu schälen ①, dann dünnblättrig ② oder zu dünnen Stiften schneiden ③.

GESCHÄLTE TOMATEN werden in der italienischen Küche häufig benötigt. Dafür den Strunk der Tomate als Erstes von oben kreisförmig herausschneiden ①. Auf der Tomatenunterseite ein kleines Kreuz einschneiden ②. Einen großen Topf mit Wasser zum Kochen bringen. Eine Schüssel mit kaltem Wasser und Eiswürfeln vorbereiten. Wenn das Wasser kocht, einige Tomaten in den Topf geben ③.

Darauf achten, dass sie locker im Wasser schwimmen. Nicht zu viele Tomaten gleichzeitig blanchieren. Die Tomaten kochen, bis sich die Haut zu lösen beginnt. Danach sofort ins Eiswasser geben ④ und auskühlen lassen. Wenn die Tomaten kalt sind, die Haut mit den Fingern oder einem Gemüsemesser abziehen.

ANANAS

Die Ananas hinlegen und die Ober- und Unterseite
abschneiden ①. Ananas auf die Unterseite stellen.
Die Schale von oben nach unten abschneiden ②. Die
Schale großzügig abschneiden, damit keine schwarzen Augen zurückbleiben ③.

MANGO

Eine eher harte Mango lässt sich am besten mit
einem Sparschäler schälen. Reife und weiche Man-
gos mit der Längsseite aufstellen. Das Messer etwas
neben der Mitte ansetzen und entlang des Kernes
herunterschneiden. Der Mangokern befindet sich
in der Mitte und liegt der Länge nach. Danach das
Fruchtfleisch mit einem Löffel vorsichtig herausche-
ben und schneiden.

AVOCADO

Mit einem Messer einmal um die Avocado schneiden, die beiden Hälften auseinandernehmen. Mit dem Messer in den Kern schneiden, den Kern herausziehen.

INGWER und **KURKUMA** schälen funktioniert am besten mit einem Löffel ①. Danach Ingwer reiben ② oder fein hacken. Bio-Ingwer oder Bio-Kurkuma verwende ich mit Schale.

SO GEHT'S: SCHNELL KOCHEN, RICHTIG EINKAUFEN, GUT PLANEN

Wenn du abends nach einem harten Tag nach Hause kommst, möchtest du schnell ein tolles Essen am Tisch haben. Das Wichtigste in der schnellen Küche ist gute Organisation und Planung.

PLANUNG

Damit ich immer schnell kochen kann, verlasse ich mich auf meine volle Vorratskammer. Haltbare Grundzutaten wie Mehl, Zucker etc. sollten immer zuhause sein, das spart Zeit beim Einkaufen.

Für eine gute Organisation sind Listen unentbehrlich. Ob Einkaufsliste oder Wochenplan, Listen bringen Ordnung und Struktur in deinen Alltag. Du benötigst etwas Zeit für die Planung, aber du ersparst dir viel Mühe, wenn du deinen Plan stressfrei abarbeiten kannst.

Was koche ich morgen? Wer sich diese Frage öfters stellt, ist mit einem Wochenplan gut beraten. Überlege dir, was du diese Woche essen möchtest, und schreibe es auf. Erstelle passende Einkaufslisten, damit du dem Wochenplan gut folgen kannst.

Bevor ich mit einem Rezept beginne, lese ich die Zubereitungsschritte gut durch. Das spart Zeit und du vermeidest Fehler.

EINKAUFEN

Die wichtigste Liste ist für mich die Einkaufsliste. Bevor ich losgehe, überprüfe ich als Erstes den Kühlschrank und die Vorratskammer, was bereits vorhanden ist. Danach schreibe ich Lebensmittel auf, die ich unbedingt benötige. Zum Schluss sortiere ich meine Lebensmittel nach Abteilungen, wo sie im Supermarkt zu finden sind. Z. B. alles Obst/Gemüse in eine Spalte, Milchprodukte, Fleisch/Fisch. Im Supermarkt kann ich schnell und effizient einkaufen, da ich die Lebensmittel der Reihe nach und ohne Umwege einpacke.

Wer gerne stressfrei und gemütlich einkaufen möchte, sollte Stoßzeiten wie abends ab 17 Uhr oder Wochenenden meiden. Ich gehe am liebsten gleich in der Früh vor der Arbeit oder in der Mittagspause einkaufen. Früh am Tag genieße ich die größte Auswahl und die frischeste Ware.

Anstatt täglich wenige Dinge zu kaufen, bevorzuge ich einen Großeinkauf vor dem Wochenende. Ein Vorrat an frischem Obst und Gemüse, Fleisch und Milchprodukten versorgt mich die ganze Woche.

LAGERUNG

Die meisten Obstsorten sind ungekühlt einige Tage lagerbar, diese kannst du großzügig einkaufen. Beeren kaufe ich frisch, wenn ich sie brauche, lagere sie im Kühlschrank und esse sie zügig.

Schnell verderbliche Zutaten wie Fisch oder Geflügel kaufe ich, wenn ich sie rasch konsumieren kann.

Sogar frische Kräuter im Bund, Salat oder Spargel sind mit etwas Pflege bis zu einer Woche haltbar. Am besten nach dem Einkaufen mit einem feuchten Tuch oder Küchenrolle einwickeln und in den Kühlschrank geben. Salat im Ganzen waschen, trocken schleudern, zupfen und aufbewahren. Frische Kräuter und Salat zusätzlich in eine Box geben. Durch die Feuchtigkeit bleiben diese Lebensmittel saftig und frisch. Feuchtes Tuch nach Bedarf wieder feucht machen und weiterverwenden.

DIE SCHNELLE BEILAGE

WIE VIEL BEILAGE BENÖTIGE ICH UNGEFÄHR PRO PERSON?

Für die meisten Beilagen (Pasta, Reis, Getreide wie Couscous etc.) reichen 60 bis 80 g. Bei Kartoffeln kannst du großzügiger sein, 150 bis 200 g, das sind 2 bis 3 mittelgroße Kartoffeln.

Bei Blattsalat als Beilage rechnet man mit ca. 100 g pro Person.

REIS

Eine universelle und leichte Beilage, die zu vielen Gerichten passt, nicht nur zu asiatischer Küche. Am liebsten koche ich Basmatireis als Beilage.

Zum Reiskochen erhitze ich etwas Öl in einem Topf. Ich gebe eine kleine halbierte Zwiebel, Thymian und Reis in den Topf und brate alles glasig an, ohne den Reis zu bräunen. Mit Wasser aufgießen, salzen und Nelken dazugeben. Einmal aufkochen, Deckel auf den Topf geben, Hitze um etwas mehr als die Hälfte reduzieren und laut Zeitangabe auf der Packung kochen. Je nach Reissorte kocht Reis für 15–50 Minuten. Wichtig, während dem Kochen nicht umrühren, sonst wird der Reis klebrig und zu einem Brei.

Vor dem Servieren Nelken, Zwiebel und Thymian entfernen.

Du kannst Reis mit beliebigen Kräutern und Gewürzen verfeinern: Zitronengras, Safran, Petersilie etc.

PASTA UND NUDELN

Ich liebe Pasta in Kombination mit cremigen oder sahnigen Speisen. Ich bevorzuge Tagliatelle, Pappardelle oder auch Gnocchi. Besonders schnell kocht Pasta, die mit Ei zubereitet wurde.

Pasta in kochendem Salzwasser nach Packungsanleitung al dente kochen. Danach abseihen und sofort servieren. Mehr Tipps zu Pasta & Co. findest du in meinem Kochbuch Simply Pasta, Pizza & Co.

KARTOFFELN

Wenn ich Kartoffeln als Beilage serviere, am besten schlicht in Wasser gekocht. Ich verfeinere sie nach dem Kochen nur mehr mit Fleur de Sel, Butter oder Olivenöl.

Zum Kartoffelkochen die gewaschenen Kartoffeln in einen Topf mit einer Knoblauchzehe und Thymianzweigen geben. Mit kaltem Wasser bedecken. Zum Kochen bringen. Zudecken, Hitze reduzieren und die Kartoffeln 20–30 Minuten köcheln lassen. Du kannst die Kartoffeln mit oder ohne Schale servieren. Die Kartoffeln sind durch, wenn sie beim Anspießen mit einer Gabel weich sind.

COUSCOUS

Eine besonders schnelle Beilage ist Couscous. Neben orientalischen Gerichten kannst du ihn überall verwenden, wo du Reis oder Pasta verwenden würdest. 2 Tassen Couscous in einem Topf mit Wasser zum Kochen bringen, salzen. Wenn das Wasser kocht, 1 Tasse Couscous dazugeben, zudecken und 5 Minuten ziehen lassen. Fertig.

SONSTIGES

Quinoa, Amaranth oder Hirse sind weitere Möglichkeiten für mehr Abwechslung bei deinen Beilagen.

BLATTSALAT

Eine besonders elegante Beilage ist grüner Salat, einfach mit Essig und Öl angerichtet. Anders als die obigen Beilagen ist Salat sehr leicht, hat viele Vitamine und macht angenehm satt.

MEIN GEHEIMTIPP: DER SCHNELLKOCHTOPF

Wer es gerne besonders schnell mag, dem empfehle ich einen Schnellkochtopf. Kartoffeln, Reis, Quinoa & Co. sind oft in der Hälfte der Zeit gekocht. Garzeiten für Gemüse im Schnellkochtopf findest du in der Gebrauchsanweisung deines Topfes.

FLEISCH RICHTIG ZUBEREITEN

1. WELCHES FLEISCH BRAUCHE ICH?

Edelstücke eignen sich bestens für die Simply-Quick-Küche, da sie mit wenig Aufwand in kurzer Zeit zubereitet werden können.

Dazu zählen Filets, Lungenbraten und Schnitzel von Kalb, Rind, Schwein und Geflügel. Steaks vom Rind wie Beiried, Rumpsteak, Ribeye oder Hüftsteak sind ebenfalls ideal.

Andere Fleischstücke wie Schulter, Gulasch- oder Suppenfleisch sind nicht zum schnellen Kochen geeignet, da sie erst nach Stunden weich werden.

Für die beste Fleischqualität gehe ich am liebsten zum Fleischhauer oder Bauernmarkt. Neben guter Beratung schätze ich die besonders frische Ware.

2. DAS RICHTIGE ÖL UND EINE GUTE PFANNE

Zum Braten verwende ich eine Edelstahl- oder beschichtete Pfanne.

Zum Braten eignen sich vor allem hocherhitzbare Öle wie Kokos-, Raps-, Sesam- oder Traubenkernöl. Olivenöl ist bis ca. 175 °C hitzestabil und lässt sich dadurch auch zum Braten verwenden.

Zum Frittieren eignen sich Öle mit einem hohen Anteil an Ölsäure (high-oleic-Öle) wie Maiskeimöl, Erdnussöl, Butterschmalz und alle raffinierten Öle (Olivenöl, Sonnenblumen- oder Rapsöl etc.).

3. ZUBEREITUNG

Vor der Zubereitung nehme ich das Fleisch aus dem Kühlschrank, damit es Zimmertemperatur erreicht. Vakuumverpacktes Fleisch sorgfältig unter fließend kaltem Wasser waschen und dann trocken tupfen. Dadurch schmeckt es besser und ist länger haltbar.

Fleisch am besten quer zur Faser schneiden. Immer ein scharfes Messer verwenden, für exakte und gerade Schitte.

Ich salze Fleisch immer vor dem Braten mit Fleur de Sel. Vorheriges Salzen trocknet Fleisch nicht aus, es sorgt dafür, dass das Fleisch gut gesalzen schmeckt. In die Pfanne gebe ich immer eine ganze Knoblauchzehe mit Schale und einige Zweige Thymian für einen verfeinerten Geschmack.

Eine Fleischseite kannst du mit Mehl stauben. Dadurch bekommt das Fleisch eine schöne Farbe und die Sauce dickt gut ein. Die Mehlseite zum Schluss braten.

Vor dem Braten das Öl hoch erhitzen, es soll aber nicht rauchen. Das Fleisch zuerst auf einer Seite braten, bis es gut gebräunt ist, danach wenden und fertig braten. Nach dem Umdrehen gebe ich ein kleines Stück Butter aufs Fleisch, damit dieses saftig bleibt.

Rind- und Kalbfleisch mit hoher Hitze anbraten, Geflügel oder Schwein nur auf mittelhoher Hitze braten. Alle Edelstücke immer nur kurz und scharf braten, bis das Fleisch gar ist. Danach sofort aus der Pfanne nehmen. Durch zu langes Braten wird das Fleisch zäh.

4. ABLÖSCHEN

Zum Schluss lösche ich oft mit einer Flüssigkeit ab. Durch das Ablöschen wird der Bratensatz gelöst und bildet die Grundlage für eine Sauce. Zum Ablöschen eignet sich jeder Fond (Huhn, Gemüse, Fisch etc.) oder Alkohol und Spirituosen (Weißwein, Rotwein, Cognac, Grappa etc.). Durch das Ablöschen bekommt das Fleisch eine schöne Farbe. Vor dem Servieren pfeffere ich das Fleisch.

5. WIE DURCH SOLL DAS FLEISCH SEIN?

Aus gesundheitlichen Gründen soll Geflügel und Schwein immer ganz durch sein. Rind oder Kalb kann nach Belieben roh, medium oder well done zubereitet werden [→ Steak richtig braten S. 39].

STEAK RICHTIG BRATEN

Ein perfekt gebratenes Steak ist kein Zufallsprodukt, sondern unterliegt den Gesetzen von Physik und Chemie.

Fürs Braten eine gusseiserne oder Eisen-Pfanne sowie ein hocherhitzbares Öl verwenden (raffiniertes Olivenöl, Sonnenblumenöl High Oleic, Kokosöl, Butterschmalz).

Zu Beginn mit hoher Hitze starten, danach etwas reduzieren, damit das Fleisch außen nicht verbrannt und innen roh ist (außer bei extra rare).

Das Fleisch nur einmal wenden, das sorgt für ein gutes Bratergebnis.

In Frankreich werden gleichzeitig mit dem Steak eine ganze Knoblauchzehe und ein paar Zweige Thymian gebraten, gewürzt wird vor dem Braten mit Fleur de Sel. Pfeffern erst nach Abschluss des Bratens.

Die folgende Tabelle gilt für ein Steak von 2 Zentimetern Dicke, Garzeit pro Seite. Für jeden weiteren Zentimeter 1 Minute Garzeit dazurechnen.

EXTRA RARE	RARE	MEDIUM RARE	WELL DONE
Garzeit pro Seite			
1 MIN	1–2 MIN	3 MIN	4–5 MIN
Kerntemperatur			
< 50 °C	54 °C	56 °C	63 °C

Nach dem Braten die Steaks mit Alufolie einwickeln und im warmen Backofen bei 80 °C rasten lassen. Die Rastzeit entspricht ungefähr der gesamten Bratzeit.

Beispiel:

STEAK RARE 2 cm: 2 Minuten pro Seite =
2 x 2 Minuten Garzeit + 4 Minuten Ruhezeit =
8 Minuten Gesamtzeit

WANN IST MEIN STEAK DURCH?

Die einfachste Methode ist die Verwendung eines Thermometers. Steak an der dicksten Stelle einstechen und Kerntemperatur ablesen.

Ohne Thermometer kannst du eine Stricknadel oder einen Metallspieß verwenden. An der dicksten Stelle anstechen und mehrere Sekunden drinnen lassen. Metallspieß an die Oberlippe halten. Fühlt es sich kalt an, ist das Steak rare. Wenn es warm ist, ist das Steak medium durch. Ist der Metallspieß heiß, ist das Steak komplett durch.

Mit der Handmethode benötigst du nur deine Finger. Strecke deine Hand aus und drücke auf die Fläche unterhalb deines Daumens. So fühlt sich ein rare gebratenes Steak an.

Halte Daumen und Ringfinger zusammen. Die Fläche unterhalb deines Daumens ist etwas fester, so fühlt sich ein medium gebratenes Steak an.

Wenn das Steak well done ist, fühlt es sich an, wie wenn du Daumen und kleinen Finger zusammenhältst.

FISCH RICHTIG ZUBEREITEN

WELCHEN FISCH BRAUCHE ICH?

Fisch eignet sich wie Fleisch bestens für die Simply-Quick-Küche.

Ganze Fische (z. B. Forelle), Fischfilets und Meeresfrüchte wie Garnelen, Muscheln und Tintenfische kannst du sehr schnell zubereiten.

Die beste Fischqualität bekommst du beim Fischhändler. Dort findest du die größte Auswahl, besonders frische und saisonale Ware und sehr gute Beratung. Dein Fischhändler hilft dir beim Filetieren oder Enthäuten deines Lieblingsfischs.

Geschmacklich ist Frischware tiefgekühlten Fischen immer überlegen.

Ich bevorzuge einheimische Süßwasserfische wie Forelle oder Saibling. Durch kurze Transportwege sind die Fische frischer als Salzwasserfische und auch günstiger.

Rohe Fischgerichte wie Ceviche sind nur mit Frischware von höchster Qualität gut und genießbar. Fisch, der zum Rohverzehr geeignet ist, wird oft mit „für Sushi geeignet" oder „Sashimi-Qualität" gekennzeichnet. Fisch, den ich roh verzehre, esse ich am selben oder am nächsten Tag.

FRISCHEN FISCH ERKENNEN

Frischen Fisch solltest du rasch und zügig konsumieren. Frischer Fisch „fischelt" nicht, sondern riecht angenehm nach Meer. Ganzer Fisch hat feuchte und glasklare Augen, hellrote Kiemen und gibt bei einer Fingerdruckprobe nicht nach. Die Flossen müssen unversehrt und feucht sein, die Haut oder Schuppen sollen seidig glänzen.

RICHTIGE VORBEREITUNG & ZUBEREITUNG

Den Fisch vor der Zubereitung gut mit kaltem Wasser waschen. Danach trocken tupfen. Gefrorenen Fisch solltest du vor der Zubereitung auftauen. Nach Bedarf entschuppen.

Fischfilets mit einer Pinzette oder Fischzange entgräten. Dafür streichst du mit den Fingern über das Filet, dadurch spürst du die Gräten.

Fisch immer vor dem Braten mit Fleur de Sel salzen. In die Pfanne gebe ich stets eine ganze Knoblauchzehe mit Schale und einige Zweige Thymian für einen verfeinerten Geschmack.

Eine Seite kannst du mit Mehl stauben. Dadurch bekommt der Fisch eine schöne Farbe und die Sauce dickt gut ein. Öle kannst du die gleichen wie zur Fleischzubereitung verwenden [→ Fleisch richtig zubereiten Seite 36].

Vor dem Braten das Öl erhitzen, es soll aber nicht rauchen. Anders als Fleisch soll Fisch nicht zu scharf gebraten werden. Den Fisch zuerst auf einer Seite braten, bis er gut gebräunt ist, danach wenden und fertig braten. Nach dem Umdrehen gebe ich ein kleines Stück Butter auf den Fisch.

Zum Schluss wie bei der Fleischzubereitung [→ Fleisch richtig zubereiten Seite 36] ablöschen. Die meisten Fische harmonieren eher mit leichten Flüssigkeiten wie Weißwein, Prosecco, Gin, Cognac etc.

WIE DURCH SOLL FISCH SEIN?

Viele Fische schmecken am besten, wenn sie innen leicht rosa oder glasig sind, z. B. Lachs. Glasigen Fisch erkennst du, wenn du ihn mit einem Finger andrückst. Fühlt es sich so an wie zwischen Daumen und Zeigefinger, ist der Fisch innen glasig und leicht roh.

MEIN GEHEIMTIPP: ZITRONE

Fisch und Meeresfrüchte harmonieren sehr gut mit Zitrone und anderen Zitrusfrüchten. Sie runden den Fischgeschmack ab und verbessern den Gesamtgeschmack. Ich verwende Zitronensaft zum Ablöschen, um den fischigen Geschmack zu minimieren, und frisch geriebene Zesten beim Servieren, um Zitrusaromen hinzuzufügen.

WAS TRINKE ICH ZUM ESSEN?

Ein schönes Glas Wein, richtig kombiniert mit der passenden Speise, egal ob mit Fleisch, Fisch oder nur Gemüse, macht aus einem sehr guten Gericht immer ein besonderes kulinarisches Erlebnis.

Als Universalwein habe ich immer einen leicht trockenen Grünen Veltliner Smaragd aus der Wachau, für Rotwein einen Chianti Sangiovese zuhause. Beide haben eine große Bandbreite und sind für viele Speisen eine gute Wahl.

Als einfache Regel gilt: die intensivste Geschmackskomponente in einer Speise mit einem passenden Wein zu ergänzen. Z.B. eine Pasta mit Tomatensauce wird dominiert vom Tomatengeschmack. Tomaten harmonieren mit säurebetonten Weinen wie Pinot Grigio oder einem leichten Grünen Veltliner, aber ebenso mit einem leichten Zweigelt oder Chianti Classico. Milde Speisen harmonieren mit leichten Weinen mit wenig Säure, würzige Gerichte werden meist bereichert durch einen schweren Wein.

Die generelle Regel, Weißwein zu hellem Fleisch, Rotwein zu dunklem Fleisch, ist in der heutigen Zeit nicht mehr ausnahmslos gültig. Auf jeden Fall sollten schwere Weine eher gegen Ende eines Menüs serviert werden.

Saure Zutaten wie Zitrusfrüchte oder Tomaten, vor allem in Salaten oder Saibling-Ceviche, harmonieren mit säurebetonten Weinen wie Riesling oder Sauvignon Blanc.

Zu Käsegerichten wie Käsefondue oder Käse im Brotlaib empfehle ich Barolo, Bordeaux oder Châteauneuf-du-Pape, ebenfalls Süßweine. Speisen mit Mozzarella oder Burrata harmonieren gut mit knackigen Sparkling-Weinen wie Champagner, Spumante, Prosecco, Sekt oder Rosé.

Mediterrane Gerichte mit Tomaten wie Penne alla Wodka oder Mozzarella-, Tomaten- und Pfirsich-Salat lieben italienische Rotweine wie Chianti, Rosso di Montepulciano, Valpolicella oder einen schönen leichten Rotwein aus Südtirol wie Vernatsch, und natürlich Weine aus dem Burgenland. Aber natürlich auch italienische Weißweine wie einen kräftigen Pinot Grigio oder einen Pinot Bianco.

Huhn und Kalb harmonieren mit Rioja, trockenen Weißweinen wie Grüner Veltliner, Gemischter Satz oder Riesling. Ebenfalls passend sind Rotweine wie Zweigelt, Blaufränkisch oder St. Laurent.

Auch asiatische Speisen werden durch Wein bereichert. Ein universeller Wein für asiatische Speisen ist der Grüne Veltliner halbtrocken. Sehr harmonisch mit scharfen und sehr würzigen Speisen wie Chicken-Tomaten-Curry sind Gewürztraminer oder Riesling. Leichtere Speisen wie Thai-Rindfleischsalat oder Tom Kha Gai bevorzugen lieblichere Weine wie Chardonnay oder Sauvignon Blanc.

Deftige Fleischgerichte wie Steak, Schweinsbraten oder Rindsrouladen harmonieren sowohl mit vollmundigen Weißweinen wie Chardonnay als auch würzigen Rotweine wie Chianti, Bordeaux oder Rotwein Cuvée aus Österreich, im Barrique ausgebaut.

Zu Fischgerichten wie der Südtiroler Zitronenforelle oder Lachsfilet à la Sauce Béarnaise empfehle ich Chardonnay, kräftigen Sauvignon oder Champagner, Prosecco, Sekt & Co.

Zu Süßspeisen und Desserts passen italienischer Vin Santo, spanischer Sherry, Süßweine oder Schaumweine wie Prosecco oder Champagner.

Mein Tipp für das Kochen mit Wein: Ich verkoche nur Wein, den mir auch schmeckt.

HINWEISE ZU DEN REZEPTEN

Alle Rezepte gelten für 4 Portionen, außer anders angegeben.

Alle Kochzeiten sind ungefähre Angaben. Die Kochzeiten bei dir zuhause können abweichen, da Kochen von vielen Faktoren abhängig ist: Saison, Zutaten, Herd und Backofen, Geschirr etc.

ARBEITSZEIT (AZ)

Die tatsächliche Arbeitszeit, in der du aktiv bist: Schneiden, Hacken, Abwiegen, Gemüse waschen, Nudeln formen etc.

ZUBEREITUNGSZEIT (ZZ)

Die Zubereitungszeit ist die Arbeitszeit plus z. B. Kochzeit, Backzeit, das Ruhenlassen etc.

MENGENANGABEN

1 große Zwiebel | 150 g
STÜCKANGABE | GEWICHTSANGABE

Wenn ihr schnell etwas kochen möchtet, gerne auf euer Gefühl hört und nichts abwiegen wollt, verwendet einfach die Stückangabe.

Da aber jedes Stück Obst und Gemüse einzigartig ist, natürlichen Schwankungen unterliegt und eine große Zwiebel kein exaktes Maß ist, im Zweifelsfall einfach die Gewichtsangabe verwenden. Alle Gewichtsangaben sind ungefähre Richtwerte.

Für alle Rezepte Standard-Weizenmehl verwenden (Österreich: glatt oder Universalmehl, Type 480; Deutschland: Type 405), außer anders angegeben.

Alle Salzmengenangaben beziehen sich auf die Verwendung von Fleur de Sel. Du kannst natürlich auch ein anderes Salz verwenden, bitte weniger salzen als angegeben, kosten und dann erst bei Bedarf nachsalzen.

Ein Bund ist ein altes Maß vom Gemüsemarkt, „die Menge, die ich mit einer Hand halte". Ich verwende als Grundlage die in Supermarkt üblichen Verkaufsmengen.

Eine Prise ist nie ein exaktes Maß, sondern einfach die Menge, die sich zwischen Daumen und Zeigefinger fassen lässt.

1 EL entspricht zirka 3 TL. Da jeder Besteckhersteller etwas andere Löffelgrößen hat, ist auch das keine exakte Mengenangabe. Die Löffelangaben beziehen sich auf einen gestrichenen, nicht gehäuften Löffel.

Chilis sind unterschiedlich scharf, daher vorsichtig dosieren und eventuell kosten.

Alle Rezepte können auch mit Gemüsefond oder der selbstgemachten Suppenwürze statt Hühnerfond zubereitet werden.

Fett ist der Geschmacksträger schlechthin, deswegen verwende ich großzügige Mengen in meinen Speisen.

GRUND-REZEPTE

Die Basis für meine schnelle Küche.

MAYONNAISE

Kalte Grundsauce auf Basis von Ei und Öl

KLASSISCHE MAYONNAISE

ca. 50 ml Öl (Maiskeim-, Sonnenblumen- oder Rapsöl)

1 Eigelb

1 Prise Fleur de Sel

1 Prise schwarzer Pfeffer

ZUBEREITUNG

Eine kleine Schüssel vorbereiten. Öl in einer Kanne abmessen. Das Eigelb mit dem Handmixer schaumig rühren. Schluckweise das Öl dazugeben, ständig weitermixen. Der Vorgang dauert ca. 10 Minuten, bis das Eigelb das ganze Öl aufgenommen hat.

Salzen und pfeffern.

SCHNELLE MAYONNAISE

ca. 150 ml Öl (Maiskeim-, Sonnenblumen- oder Rapsöl)

1 Ei

1 EL Zitronensaft

1 1/2 TL Fleur de Sel

Alle Zutaten in ein hohes Gefäß geben und mit dem Stabmixer auch höchster Stufe mixen. Die Mayonnaise ist in wenigen Minuten fertig.

TIPPS

Da kein Ei dem anderen gleicht, ist die Ölmenge nur ein Richtwert. Die Mayonnaise benötigt manchmal mehr oder weniger Öl. Wenn die Mayonnaise bereits dick-cremig ist, nicht mehr Öl dazugeben. Bei zu viel Öl bricht die Mayonnaise.

Die schnelle Mayonnaise ist weniger aromatisch, etwas heller und dünnflüssiger. Die klassische Mayonnaise ist dick-cremig, aromatisch nach Eigelb schmeckend und gelblicher.

Selbst gemachte Mayonnaise sollte rasch konsumiert werden und lässt sich nur 1–2 Tage im Kühlschrank aufbewahren.

Mayonnaise ist eine ideale Grundlage für Saucen, Salatdressings, als Dip für Gemüse, Kartoffeln oder um Brote zu bestreichen.

ZZ: 15 MIN

KRÄUTERBUTTER

Der Duft des Kräutergartens

ZUTATEN

Für 300 g Kräuterbutter

$^1/_2$ Bund Petersilie | 25 g

$^1/_2$ Bund Schnittlauch | 10 g

1 Hand voll Basilikum | 10 g

einige Zweige Thymian

Zesten von 1 unbehandelten Zitrone

250 g Butter

1 EL Olivenöl

$^1/_4$ Knoblauchzehe

1 TL Fleur de Sel

1 Prise schwarzer Pfeffer

ZUBEREITUNG

Kräuter waschen, trocken tupfen, Blätter von den Stängeln entfernen. Die Blätter fein hacken. Zitronenzesten abreiben.

Die Butter aus dem Kühlschrank nehmen und bei Zimmertemperatur weich werden lassen. Butter und Olivenöl mit dem Mixer cremig rühren.

Mit einem Spatel Zitronenzesten, fein gehackten Knoblauch und Kräuter unterheben. Salzen, pfeffern und abschmecken.

ZUTATEN

Für 300 g Schneckenbutter

10 g geschälte Mandeln

30 g Schinkenspeck

50 g getrocknete Tomaten in Öl

1 kleine Schalotte | 40 g

1 Knoblauchzehe mit Schale

3 Zweige Thymian

1 EL Olivenöl

$^1/_2$ Bund Schnittlauch | 10 g

$^1/_4$ Bund Petersilie | 10 g

250 g Butter

1 TL Dijonsenf

$^1/_2$ TL Fleur de Sel

Mandeln fein hacken. Schinkenspeck, getrocknete Tomaten und Schalotte fein hacken. Speck mit Knoblauch und Thymian in etwas Olivenöl anbraten. Schalotten darin glasig dünsten. Knoblauch und Thymian nicht weiterverwenden.

Die Schneckenbutter wie die Kräuterbutter fertigstellen.

TIPPS

Du kannst nach Belieben verschiedene Kräuter mischen. Kreiere deine eigene Kräuterbutter mit deinen Lieblingskräutern wie Dille, Oregano, Majoran, Bohnenkraut, Basilikumblüten und vielen mehr.

Besonders schnell geht's mit dem Stabmixer. Alle Zutaten kurz mixen. Frische Kräuter erst zum Schluss mixen, sonst wird die Butter grün.

Die fertige Kräuterbutter drehe ich in Alufolie und friere sie ein. So habe ich immer frische Kräuterbutter.

Schneckenbutter hat nichts mit richtigen Schnecken zu tun, wird in der französischen Küche aber tatsächlich so benannt. Der Name kommt von der Speise Escargot, das sind Schnecken die im Backofen mit Butter überbacken werden.

HÜHNERFOND

Die wichtigste Zutat der guten Küche

ZUTATEN

2 Suppenhühner oder 2,5 kg
Hühnerklein (Flügerl oder Keulen)

2 kleine Karotten | 75 g

1 kleine Zwiebel | 50 g

6 l Wasser

1/2 Stange Porree | 40 g

1 Knoblauchzehe mit Schale

1 Lorbeerblatt

3 Zweige Thymian

2 Stiele Petersilie

20 g grobes Meersalz

12 schwarze Pfefferkörner

ZUBEREITUNG

Wenn ganze Hühner verwendet werden, diese grob zerteilen. Zum Zerteilen eine Schere oder ein Messer verwenden. Innereien herausnehmen. Von allen Fleischstücken große Fettablagerungen (gelb-weißliche Klümpchen) entfernen, unter fließend kaltem Wasser verbliebenes Blut abwaschen.

Karotten und Zwiebel schälen und halbieren.

Hühnerfleisch in einen großen Suppentopf geben und mit kaltem Wasser auffüllen. Zum Kochen bringen. Wenn das Wasser kocht, den weißen Schaum mit einem Löffel, Abseiher, Schöpfer oder einer Schaumkelle entfernen. Restliche Zutaten hinzugeben und Hitze um mindestens die Hälfte reduzieren. Die Suppe darf nur sieden.

Für mindestens 2 Stunden zugedeckt köcheln lassen. Sofort nach dem Kochen abseihen, gekochtes Fleisch (außer Brust) und Gemüse weggeben. Den Fond kalt stellen.

TIPPS

Hühnerfond ist alles andere als Simply Quick, aber macht die schnelle Küche sehr wohlschmeckend.

Die gekochte Hühnerbrust kannst du für Sandwiches oder Salate verwenden.

Ich verwende den Fond zum Kochen von Gemüse und Saucen, zum Ablöschen von Fleisch und für Risottos. Ich empfehle, die Suppenhühner am Markt oder direkt beim Fleischhauer zu kaufen. Suppenhühner sind günstiger als Brathühner und eignen sich auch besser zum Herstellen eines Fonds, weil sie magerer sind und weniger Fleisch haben (der Hauptgeschmack kommt ja von den Knochen).

Ich persönlich koche Hühnerfond für 9 Stunden bei 90 °C (Thermometer verwenden). Ohne Thermometer die Suppe auf ca. halber Herdleistung ziehen lassen. Durch die lange Kochzeit und die konstante Temperatur absorbiert das Wasser den gesamten Geschmack des Huhns. Der Fond schmeckt besonders fein und raffiniert und hat eine klare Farbe wie Weißwein.

Damit ich jederzeit Fond zur Verfügung habe, friere ich ihn den erkalteten Fond portionsweise in Gefrierbeuteln ein.

AZ: 10 MIN | ZZ: 40 MIN

SUPPENWÜRZE

Selbst gemachter Suppenwürfel für Gemüsesuppe

ZUTATEN
Für 1 Glas à 275 g

1 kleine Karotte | 50 g
1 Stange Sellerie | 50 g
1/2 Stange Porree | 50 g
1/2 Bund Petersilie | 25 g
4 Zweige Thymian
100 g Fleur de Sel

ZUBEREITUNG

Karotte schälen. Karotte, Sellerie, Porree und Petersilie in Julienne schneiden [→ Schneidetechniken Seite 22] oder mit der Küchenmaschine grob hacken. Thymian abperlen. Alle Zutaten in einer Schüssel mit Salz vermischen, gut kneten und 30 Minuten ziehen lassen.

Die Flüssigkeit abseihen, die Würze lose in ein Glas packen und verschließen. Im Kühlschrank mehrere Woche haltbar.

SUPPENWÜRZE VERWENDEN
Pro Liter Suppe ca. 1 EL Suppenwürze zugeben. Die Suppenwürze kann wie Suppenwürfel verwendet werden.

Suppenwürze ins Wasser geben, 1 Knoblauchzehe, 3 Pfefferkörner, 1 Lorbeerblatt und 1 kleine Schalotte zufügen und aufkochen. 10 Minuten köcheln lassen. Suppe weiterverwenden.

TIPPS

Für die Suppenwürze kannst du beliebiges Gemüse und Kräuter verwenden, z. B. Pastinaken, Gelbwurzel, Knollensellerie etc.

Knoblauch, Zwiebel oder Chili gebe ich nie zur Suppenwürze, da diese Zutaten schlecht haltbar sind. Stattdessen koche ich sie in der fertigen Suppe mit.

Selbst gmachter Suppenwürfel für Gemüsesuppe

Mmh

SCHNELLE SALATE & VORSPEISEN

Als Zwischengericht oder leichte
Mahlzeit erfreuen sich Salat und Co.
großer Beliebtheit.

Kalt gegartes Fischgericht aus Peru

ZZ: 15 MIN

SAIBLING-CEVICHE

Kalt gegartes Fischgericht aus Peru

ZUTATEN

400 g Saiblingsfilet

1 rote Spitzpaprika | 100 g

1 gelbe Spitzpaprika | 100 g

1 Schalotte | 40 g

1/4 Fenchel | 50 g

2 Chilis (nach Bedarf)

Zesten von 1 Limette

1/2 TL Fleur de Sel

1 Prise schwarzer Pfeffer

Saft von 3 Limetten

ZUM SERVIEREN

frischer Koriander

ZUBEREITUNG

Fisch eventuell mit einer Pinzette entgräten. Haut nach Bedarf entfernen. Fischfilet klein schneiden und wieder kalt stellen.

Paprika entkernen und kleinwürfelig schneiden [→ Brunoise, siehe Schneidetechniken Seite 22]. Schalotte in Ringe schneiden. Fenchel hauchdünn schneiden. Chilis entkernen und fein hacken.

Fisch und Gemüse mit Limettenzesten vermischen, salzen, pfeffern und mit Limettensaft übergießen. 10 Minuten ziehen lassen und kalt stellen. Mit frischem Koriander bestreut servieren.

TIPPS

Der rohe Fisch soll nicht warm werden. Zügig arbeiten und danach wieder kalt stellen oder auf Eis lagern.

Ceviche schmeckt besser, wenn sie von Hand geschnitten als durch den Fleischwolf gelassen wird.

Es eignen sich alle Fische, die roh konsumierbar sind, wie Thunfisch, Wolfsbarsch, Kabeljau oder Lachsforelle [→ Fisch richtig zubereiten Seite 40].

THAI-RINDFLEISCHSALAT

Ein Stück Urlaubsfeeling

ZUTATEN

FLEISCH

600 g Beiried

1 TL Fleur de Sel

3 EL Austernsauce

3 EL Sojasauce

4 EL Öl zum Braten

1 Knoblauchzehe mit Schale

Saft von 1 Limette

1 Prise schwarzer Pfeffer

THAI-DRESSING

6 cm Ingwer | 10 g

120 ml Öl (z. B. Maiskeimöl)

Zesten von 1 Limette

6 EL Limettensaft

6 EL Rohrzucker

je 3 EL Fischsauce, Reisessig und Sojasauce

1 Prise Fleur de Sel

1 Prise schwarzer Pfeffer

SALAT

200 g Babyspinat

1 Gurke | 200 g

1 rote Paprika | 200 g

1 gelbe Paprika | 200 g

frische Minze

BEILAGE

500 ml Maiskeimöl

100 g Reisnudeln

ZUBEREITUNG

Das Fleisch im Ganzen verwenden, nach Bedarf an die Pfannengröße anpassen. Ganzseitig salzen, mit Austern- und Sojasauce einreiben. Marinieren bis zum Anbraten.

Für das Thai-Dressing Ingwer fein reiben. Alle Zutaten vermischen, salzen, pfeffern und abschmecken.

Für den Salat Babyspinat waschen. Gurke und Paprika in dünne lange Streifen schneiden [→ Julienne, siehe Schneidetechniken Seite 22].

Einen Topf mit 500 ml Maiskeimöl erhitzen. Bei hoher Hitze die Reisnudeln knusprig frittieren. Danach auf einem Blatt Küchenrolle abtropfen lassen.

Für das Fleisch Öl in einer Pfanne erhitzen. Knoblauchzehe dazugeben. Bei hoher Hitze das Fleisch nach Belieben rare, medium oder well done braten [→ Steak richtig braten Seite 39]. Mit Limettensaft überträufeln. Danach Fleisch in Alufolie einwickeln und ruhen lassen.

Salat und Dressing gut vermischen. Fleisch pfeffern und in Stücke schneiden. Reisnudeln in heißem Öl frittieren. Salat mit den Nudeln servieren.

TIPPS

Frische Minze passt sehr gut zu diesem Gericht.

Zur Aufbewahrung den Salat getrennt lagern (Dressing, Fleisch, Salat ohne Dressing).

Statt das Fleisch im Ganzen zu verwenden, kannst du es auch dünn schneiden und anbraten.

Als Ersatz für Austernsauce kannst du ein paar Spritzer Worcestershiresauce mit etwas Honig verwenden. Anstelle von Fischsauce verwende 1 feingehackte Sardelle.

Nach Belieben kannst du auch andere Fleischsorten, Fisch oder Garnelen verwenden.

AZ: 15 MIN | ZZ: 30 MIN

SALADE NIÇOISE

Mediterraner Salat aus Nizza

ZUTATEN

8 Stangen
Grüner Spargel | 125 g
1 EL grobes Meersalz

1 Gurke | 200 g
1 Frühlingszwiebel | 50 g
400 g Kirschtomaten

DRESSING

2 EL Dijonsenf
6 EL Olivenöl | 90 ml
3 EL Rotweinessig | 45 ml
1 EL Honig | 15 g
Saft von 1/2 Zitrone | 30 ml
1 TL Fleur de Sel
1 Prise schwarzer Pfeffer

4 Eier
4 EL Oliven
6 Sardellenfilets
300 g Thunfisch
in Lake eingelegt
1 Prise schwarzer Pfeffer

ZUBEREITUNG

Spargelstrünke abschneiden. Einen Topf mit Wasser zum Kochen bringen. Wasser großzügig salzen. Spargel je nach Dicke 3–5 Minuten kochen, danach kalt abschrecken. Der Spargel soll bissfest bleiben.

Gurken und Frühlingszwiebel in dünne Scheiben schneiden. Kirschtomaten halbieren.

Für das Dressing Dijonsenf, Olivenöl, Rotweinessig, Honig und Zitronensaft vermischen. Salzen, pfeffern und abschmecken.

Für die wachsweichen Eier einen Topf mit Wasser zum Kochen bringen. Wenn das Wasser kocht, die Eier sanft einlegen und auf hoher Hitze ca. 5 Minuten kochen. Danach herausnehmen und kalt abschrecken.

Geschnittenes Gemüse, Spargel, Oliven, Sardellenfilets und Thunfisch am Teller anrichten. Mit Dressing beträufeln. Mit wachsweichem Ei servieren. Pfeffern.

TIPP

Außerhalb der Spargelsaison kannst du grüne Bohnen verwenden.

ZZ: 10 MIN

MOZZARELLA-, TOMATEN- UND PFIRSICH-SALAT

Bunter Salat aus der Toskana

ZUTATEN

DRESSING

50 ml Olivenöl

30 ml Weißweinessig

Zesten von 1 unbehandelten Zitrone

Saft von 1 Zitrone | 30 ml

1 TL Fleur de Sel

1 Prise schwarzer Pfeffer

SALAT

2 Pfirsiche | 200 g

500 g Kirschtomaten

1 Mozzarella di bufala | 200 g

1 Prise Fleur de Sel

1 Prise schwarzer Pfeffer

ZUM SERVIEREN

frisches Basilikum

ZUBEREITUNG

Für das Dressing alle Zutaten miteinander verrühren. Salzen, pfeffern, abschmecken.

Pfirsiche entkernen. Tomatenstrunk herausschneiden. Pfirsiche, Tomate und Mozzarella in dünne Scheiben schneiden. Salzen.

Auf einem Teller schön auflegen, mit Dressing übergießen. Pfeffern. Mit Basilikum garnieren.

TIPPS

Dieser Salat ist von vollreifen Tomaten und Pfirsichen abhängig. Besonders gut eignen sich Ochsenherz-Tomaten.

Ich verwende am liebsten Weingarten- oder Tellerpfirsiche.

Wenn der Pfirsich saftig und weich ist, kannst du ihn roh essen. Wenn er eher hart ist, besser vorher 5–10 Minuten köcheln. Danach kalt stellen. Eventuell zuckern.

Der Salat schmeckt auch mit Burrata statt Mozzarella ausgezeichnet.

AZ: 10 MIN | ZZ: 55 MIN

ROTE-RÜBE-, MEERRETTICH- UND BURRATA-SALAT

Steirisch-italienische Salatkreation

ZUTATEN

8–10 kleine rote Rüben | 500 g

DRESSING

8 EL Olivenöl | 120 ml

8 EL Weißweinessig | 120 ml

1 TL Honig

1 TL Fleur de Sel

1 Prise schwarzer Pfeffer

Zesten von 1 unbehandelten Zitrone

Saft von 1 Zitrone | 30 ml

1 TL Fleur de Sel

1 Prise schwarzer Pfeffer

2 Burrata | 400 g

100 g Meerrettich

ZUBEREITUNG

Rote Rüben in kaltes Wasser geben und zum Kochen bringen. Auf mittlerer Hitze ca. 45 Minuten köcheln. Die Rüben sollen weich sein; mit einer Gabel anstechen und testen. Danach in kaltem Wasser abkühlen, bis die Rüben kalt sind.

Für das Dressing alle Zutaten miteinander verrühren. Salzen, pfeffern, abschmecken. Burrata in Stücke reißen. Meerrettich reiben.

Rote Rübe in dünne Scheiben schneiden. In Zitronensaft und -zesten einlegen. Auf einem Teller schön anrichten. Rüben salzen und pfeffern. Burrata und Meerrettich darüber verteilen.

TIPPS

Wer es besonders schnell mag, kann auch vorgegarte rote Rüben kaufen.

Frische rote Rüben kannst du auch im Schnellkochtopf kochen. Darin brauchen sie je nach Größe 20–30 Minuten.

ZZ: 15 MIN

CAESAR SALAD

Italo-amerikanischer Salat-Klassiker

ZUTATEN

CROÛTONS

8 Scheiben Weißbrot | 300 g

4 EL Olivenöl

2 Knoblauchzehen

CAESAR-DRESSING

2 x schnelle Mayonnaise
[→ Seite 46]

4 Sardellen

2 EL Worcestershiresauce | 30 ml

Saft von 1 Zitrone | 30 ml

1 TL Fleur de Sel

1 Prise Schwarzer Pfeffer

6 Salatherzen | 400 g

100 g Parmesan

ZITRONEN-JOGHURT-SAUCE

200 g griechischer Joghurt

Zesten von 1 unbehandelten
Zitrone

Saft von 1 Zitrone | 30 ml

1/2 Bund Schnittlauch | 10 g

1 TL Fleur de Sel

1 Prise schwarzer Pfeffer

ZUBEREITUNG

Für die Croûtons Backofen auf 220 °C Ober-/Unterhitze vorheizen. Brot in 2 x 2 cm große Würfel schneiden. Mit Olivenöl beträufeln. Knoblauchzehen zerdrücken. Alles auf ein Blech geben. Für ca. 10 Minuten backen, bis die Croûtons knusprig braun sind.

Für das Caesar-Dressing die Mayonnaise mit den restlichen Zutaten mixen. Abschmecken mit Salz und Pfeffer.

Salatherzen waschen, trocknen und zerreißen. Parmesan reiben oder in dünne Streifen schneiden. Salat mit Dressing mischen und anrichten. Mit Croûtons und Parmesan bestreuen.

ZITRONEN-JOGHURT-SAUCE

Eine leichte Alternative zum Caesar-Dressing ist die Zitronen-Joghurt-Sauce. Dafür alle Zutaten miteinander vermischen. Salzen, pfeffern und abschmecken.

TIPPS

Es eignen sich auch andere Blattsalate für den Caesar Salad.

AZ: 15 MIN | ZZ: 30 MIN

TOM KHA GAI

Cremige Kokossuppe aus Thailand

ZUTATEN

500 ml Hühnerfond [→ Seite 50]

500 g Hühnerbrust

2 TL Fleur de Sel

10 Champignons | 200 g

2 Frühlingszwiebeln | 100 g

2 Chilis

5 cm Ingwer | 10 g

1 Knoblauchzehe

4 Stangen Zitronengras

2 Galgant-Wurzeln | 100 g

5 EL Kokosöl

3 Kaffir-Limettenblätter

500 ml Kokosmilch

3 EL Sojasauce

3 EL Fischsauce

Saft von 2 Limetten

1 1/2 EL Zucker

2 TL Fleur de Sel

etwas schwarzer Pfeffer

1 EL Kokosöl

ZUM SERVIEREN

frischer Koriander oder Minze

ZUBEREITUNG

Hühnerfond in einem Topf erhitzen, nicht aufkochen.

Hühnerbrust in 3 x 3 cm große Würfel schneiden. Salzen. Champignons je nach Größe vierteln oder halbieren. Von den Frühlingszwiebeln nur das Weiße verwenden. Chilis nach Belieben entkernen. Ingwer schälen. Chili, Knoblauchzehe, Frühlingszwiebel und Ingwer fein hacken. Vom Zitronengras die äußeren Schichten entfernen. Galgant schälen und halbieren.

Kokosöl in einem Topf erhitzen. Frühlingszwiebel, Ingwer, Knoblauch und Chili glasig braten. Danach aus dem Topf nehmen. Champignons im selben Topf mit etwas Öl gut anbraten. Ebenfalls zur Seite geben.

Hühnerbrust scharf anbraten, bis sie auf allen Seiten leicht gebräunt ist. Gebratenes Gemüse, Galgant, Zitronengras und Kaffir-Limettenblätter dazugeben, mit heißem Hühnerfond ablöschen, mit Kokosmilch aufgießen. Zum Kochen bringen. Zugedeckt für 20 Minuten auf mittlerer Hitze köcheln lassen. Die Suppe ist fertig, wenn das Huhn weich und durch ist.

Zum Schluss Zitronengras, Galgant und Kaffir-Limettenblätter entfernen. Restliche Zutaten dazugeben, salzen, pfeffern und abschmecken. Zum Schluss Kokosöl dazugeben. Mit Koriander servieren.

TIPPS

Die Suppe kann mit anderem Gemüse verfeinert werden: Erbsen, Zuckerschoten, Maiskölbchen etc.

Statt Hühnerbrust können auch andere Hühnerstücke verkocht werden.

Diese Suppe bekommt durch asiatische Zutaten ihren authentischen Geschmack. Du kannst auch ohne diese Zutaten eine tolle Suppe kochen, sie schmeckt aber nicht mehr so sehr nach Thailand.

Folgende asiatische Zutaten kannst du durch andere Produkte ersetzen: Fischsauce durch eine zerdrückte Sardelle, Kaffir-Limettenblätter durch Limettenschale und Galgant durch Knollensellerie.

AZ: 10 MIN | ZZ: 20 MIN

ZUPPA PAVESE

Italienische Suppe mit Ei und Parmesan

ZUTATEN

4 Scheiben Weißbrot [z. B. Butter-Toastbrot → Seite 90] | 100 g

3 EL Olivenöl | 45 ml

1 kleine Chili

2 EL frische Petersilie oder Schnittlauch

100 g Parmesan

4 Eier

1 l Hühnerfond [→ Seite 50]

ZUM SERVIEREN

etwas schwarzer Pfeffer

etwas Parmesan

ZUBEREITUNG

Backofen auf 200 °C Heißluft vorheizen. Weißbrot mit Olivenöl beträufeln und für ca. 10 Minuten backen, bis es knusprig ist.

Chili in dünne Ringe schneiden. Nach Bedarf Samen entfernen.

Frische Kräuter fein hacken. Parmesan reiben. Suppenschüsseln vorbereiten. Kräuter und Chili hineingeben. Ei aufschlagen, ohne es zu verrühren.

Den Hühnerfond aufkochen, kochend heiß über die Eier gießen und einige Minuten ziehen lassen. Suppe pfeffern, mit Parmesan bestreuen und mit Brot servieren.

AZ: 10 MIN | ZZ: 30 MIN

ERBSEN-WASABI-SUPPE

Cremig-scharfe Suppe

ZUTATEN

2 Schalotten | 60 g

2 kleine Kartoffeln | 150 g

4 EL Olivenöl | 45 ml

1 Knoblauchzehe mit Schale

3 Zweige Thymian

700 g Erbsen

1/8 l Weißwein

1 l Hühnerfond [→ Seite 50]

2 TL Sojasauce

1 TL Fleur de Sel

1 Prise schwarzer Pfeffer

2–3 TL Wasabi

ZUM SERVIEREN

100 ml Schlagsahne

ZUBEREITUNG

Schalotten fein hacken. Kartoffeln schälen und grob zerkleinern.

Olivenöl in einem Topf erhitzen. Schalotten mit Knoblauch und Thymian glasig dünsten. Erbsen dazugeben und mitdünsten. Mit Weißwein ablöschen. Mit heißem Fond aufgießen. Kartoffel dazugeben. Suppe einmal aufkochen, zudecken und 15 Minuten köcheln lassen.

Die Suppe ist fertig, wenn die Kartoffel weich ist. Salzen, pfeffern und Wasabi nach Geschmack dazugeben. Mit dem Stabmixer pürieren. Suppe nochmals aufkochen. Vor dem Servieren Crème fraîche unterheben.

TIPPS

Für die Suppe eignen sich frische Erbsen, Zuckererbsenschoten oder gefrorene Erbsen.

Statt Wasabi kannst du auch frisch geriebenen Meerrettich verwenden.

Mmh

SCHNELLES MIT BROT

Wenn der große Hunger da ist, bietet
Brot eine schnelle Mahlzeit.

Brot selbst ist nicht wirklich ein schnelles
Gericht, aber ohne viel Aufwand zuzubereiten.

AZ: 10 MIN | ZZ: 30 MIN

KÄSE IM BROTLAIB

Wintergericht aus der Normandie

ZUTATEN

2 EL Butter

1 kleines Weizenbrot | 600 g

1 Camembert oder Brie | 250 g

GLASIERTE ÄPFEL

2 kleine Äpfel | 200 g

2 EL Olivenöl | 30 ml

2 EL Cognac | 30 ml

Zesten von 1/2 unbehandelten Zitrone

Saft von 1/2 Zitrone | 15 ml

5 Pfefferkörner

1 TL Fleur de Sel

2 TL Butter | 10 g

etwas Cognac zum Beträufeln

ZUM SERVIEREN

3 EL Honig

ZUBEREITUNG

Backofen auf 200 °C vorheizen.

Butter in einem Topf schmelzen. Brot oben abschneiden, in der Mitte ein Loch im Durchmesser des Käses aushöhlen. Flüssige Butter in das Loch gießen und verstreichen.

Käse in die Aushöhlung geben, etwas mit Butter einstreichen, Brot-Deckel auf den Käse geben und 12 Minuten anbacken, bis der Käse geschmolzen ist.

Äpfel schälen und in Würfel schneiden [→ Brunoise, siehe Schneidetechniken Seite 22]. In Olivenöl anbraten. Mit Cognac ablöschen, Zitronenzesten und -saft sowie Pfefferkörner dazugeben, salzen. 10 Minuten köcheln lassen, bis die Äpfel weich sind. Zum Schluss Butter dazugeben.

Wenn der Käse angebacken ist, die glasierten Äpfel daraufgeben. Etwas mit Cognac beträufeln. Temperatur auf 220 °C Heißluft erhöhen und noch ca. 5–10 Minuten überbacken, bis die Äpfel leicht gebräunt sind. Zum Schluss Honig über die Äpfel geben.

Heiß servieren.

TIPP

Für einen selbstgebackenen Brotlaib verwende mein Rezept für Butter-Toastbrot [→ Seite 90].

AZ: 10 MIN | ZZ: 20 MIN

BÁHN MÌ

Vietnamesisches Sandwich

ZUTATEN

100 ml Hühnerfond [→ Seite 50]

600 g Filet*
1 TL Fleur de Sel

2 TL Estragonsenf
2 EL Sojasauce
2 EL Austernsauce
4 EL süß-saure Chilisauce
1 Gurke | 200 g
2 Baguettes | 500 g
frischer Koriander
100 g in Essig eingelegter Karottensalat
4 EL Maiskeimöl
1 Prise schwarzer Pfeffer

ZUM SERVIEREN

1 x schnelle Mayonnaise
[→ Seite 46]
Saft von 1 Limette | 30 ml

ZUBEREITUNG

Hühnerfond in einem Topf erhitzen, nicht aufkochen.

Fleisch in dünne Streifen schneiden. Salzen, mit Senf, Sojasauce, Austernsauce und Chilisauce marinieren.

Gurke in dünne Streifen schneiden (am besten mit einem Sparschäler).

Baguette halbieren, mit Gurke, Koriander und Karottensalat belegen.

Öl in einer Pfanne erhitzen. Das Fleisch auf hoher Hitze rasch anbraten. Mit heißem Hühnerfond ablöschen. Pfeffern.

Heißes Fleisch auf das Baguette legen, Mayonnaise daraufgeben, mit Limettensaft beträufeln. Sofort servieren.

TIPP

*Traditionell wird Báhn mì mit Schweinefleisch zubereitet. Du kannst auch Huhn, Kalb oder Rind verwenden.

Statt Karottensalat kannst du geriebene Karotten verwenden. Karotten mit Reisessig marinieren, leicht zuckern und salzen.

Möchtest du die süß-saure Chilisauce gerne selber machen? In meinem Kochbuch „Simply Veggie" findest du mein Rezept für Thai-Sweet-Chili-Sauce.

Nimm statt Austernsauce ein paar Spritzer Worcestershiresauce.

KÄSEFONDUE

Das schnellste und cremigste Fondue der Welt

ZUTATEN

300 g Weißbrot [z. B. Butter-
Toastbrot → Seite 90]

1 Knoblauchzehe

300 g Gruyère

300 g Vacherin

$1/4$ l Weißwein

1 Prise Fleur de Sel

1 Prise schwarzer Pfeffer

1 Prise Muskatnuss

1 EL Maisstärke

50 ml Weichselbrand oder
Kirschwasser

ZUBEREITUNG

Weißbrot grob zerteilen.

Knoblauch fein hacken. Käse reiben. Weißwein in den Fonduetopf geben und zum Kochen bringen. Käse dazugeben und rühren, bis er vollständig geschmolzen ist. Salzen, pfeffern, mit Muskatnuss würzen. Zum Schluss Stärke unterheben und Kirschbrand dazugeben.

Den Topf auf ein Fonduegestell geben und erhitzen. Die Weißbrotstücke in die Käsesauce eintauchen.

TIPP

Für das Käsefondue kannst du auch andere kräftige Käsesorten verwenden: Emmentaler, Appenzeller, Comté, Bergkäse, Parmesan etc.

Kaltes Fondue kannst du nochmals erhitzen und weiteressen.

Das Fondue schmeckt auch sehr gut mit gekochten Kartoffeln, Maiskölbchen oder Perlzwiebeln.

ZZ: 25 MIN

CLUB-SANDWICH MIT HUHN UND ZITRONEN-JOGHURT-SAUCE

Traditionelles Barfood aus dem Grandhotel

ZUTATEN

600 g Hühnerbrust

1 EL Estragonsenf

2 TL edelsüßes Paprikapulver

1 1/2 TL Fleur de Sel

1 Zitrone

1 EL Worcestershiresauce

2 EL Austernsauce

8 Scheiben Sandwich-Toast

80 g Frühstücksspeck

4 EL Olivenöl

1 EL Zitronensaft

2 EL Butter

1 Prise schwarzer Pfeffer

TOMATEN-SALSA

3 Tomaten | 200 g

2 EL Olivenöl | 30 ml

1/2 TL Honig

1 EL Rotweinessig | 15 ml

ein paar Blätter Basilikum

1/2 TL Fleur de Sel

1 Prise schwarzer Pfeffer

ZUM SERVIEREN

Eisberg-Salatblätter oder
Vogerlsalat

Zahnstocher oder Holzspieße

ZUBEREITUNG

Hühnerbrust in dünne Scheiben schneiden, mit Senf und Paprikapulver einreiben, salzen, Zitrone in Scheiben schneiden und darübergeben.

Für die Salsa Tomaten halbieren, entkernen, in kleine Würfel schneiden. Mit Olivenöl, Honig und Essig vermischen. Basilikum zupfen und dazugeben. Salzen und pfeffern.

Backofen auf 100 °C Heißluft vorheizen. Die Rinde vom Toastbrot abschneiden, und im Toaster toasten.

Den Speck in Olivenöl knusprig anbraten. Speck und Toastbrot im Backofen warm halten.

In einer separaten Pfanne die Hühnerbrust mit Zitronenscheibe grillen, mit Zitronensaft ablöschen. Worcestershiresauce und Austernsauce über das Fleisch gießen und karamellisieren. Zum Schluss etwas Butter über die Hühnerbrust geben. Pfeffern.

Auf das Toastbrot Salatblatt, Zitronen-Joghurt-Sauce [→ Seite 67], Tomaten-Salsa, Speck und Hühnerbrust geben, nächste Brotscheibe auflegen und das Ganze wiederholen. Zum Schluss die letzte Scheibe Toastbrot draufgeben. In der Mitte schräg halbieren. Mit Zahnstochern befestigen.

Heiß mit Pommes Frites oder Kartoffelchips servieren.

TIPPS

Klassisch wird Club-Sandwich mit Cocktailsauce zubereitet.

Ich brate Frühstücksspeck immer in einer separaten Pfanne, da ansonsten alles nach Speck schmeckt.

Das Club-Sandwich kannst du auch in einem Kontaktgrill oder Sandwich-Toaster zubereiten. Zuerst den Toast, danach die Hühnerbrust und zum Schluss den Speck grillen.

AZ: 10 MIN | ZZ: 30 MIN

SCHINKEN-SAUERRAHM-TOAST

Mein Lieblingsessen als Kind

ZUTATEN

4 Eier

300 g Schinken

100 g Schinkenspeck

4 eingelegte Pfefferoni | 100 g

4 Essiggurken | 100 g

500 g Sauerrahm

125 g Crème fraîche

2 EL Estragonsenf

1 1/2 EL Fleur de Sel

16 Stk. Butter-Toastbrot
[→ Seite 90]

ZUM SERVIEREN

etwas schwarzer Pfeffer

Meerrettich

ZUBEREITUNG

Backofen auf 200 °C Heißluft vorheizen.

Eier in einen Topf geben und mit Wasser bedecken. Zum Kochen bringen. Zudecken, vom Herd nehmen und 13 Minuten ziehen lassen. Kalt abschrecken und schälen.

Eier, Schinken, Schinkenspeck, Pfefferoni und Essiggurken klein hacken. Alle Zutaten miteinander verrühren, salzen und abschmecken.

Die Toastbrote mit der Masse bestreichen. Auf ein Backblech mit Backpapier geben. Für 10–15 Minuten backen, bis das Toastbrot knusprig und der Belag leicht gebräunt ist.

Pfeffern, mit frisch geriebenem Meerrettich servieren.

TIPPS

Den Sauerrahm-Aufstrich kannst du auch kalt essen. Im Kühlschrank ist er mehrere Tage haltbar.

Kreiere deinen Lieblingsaufstrich mit verschiedenen Zutaten: Porree, Oliven, Karotten etc.

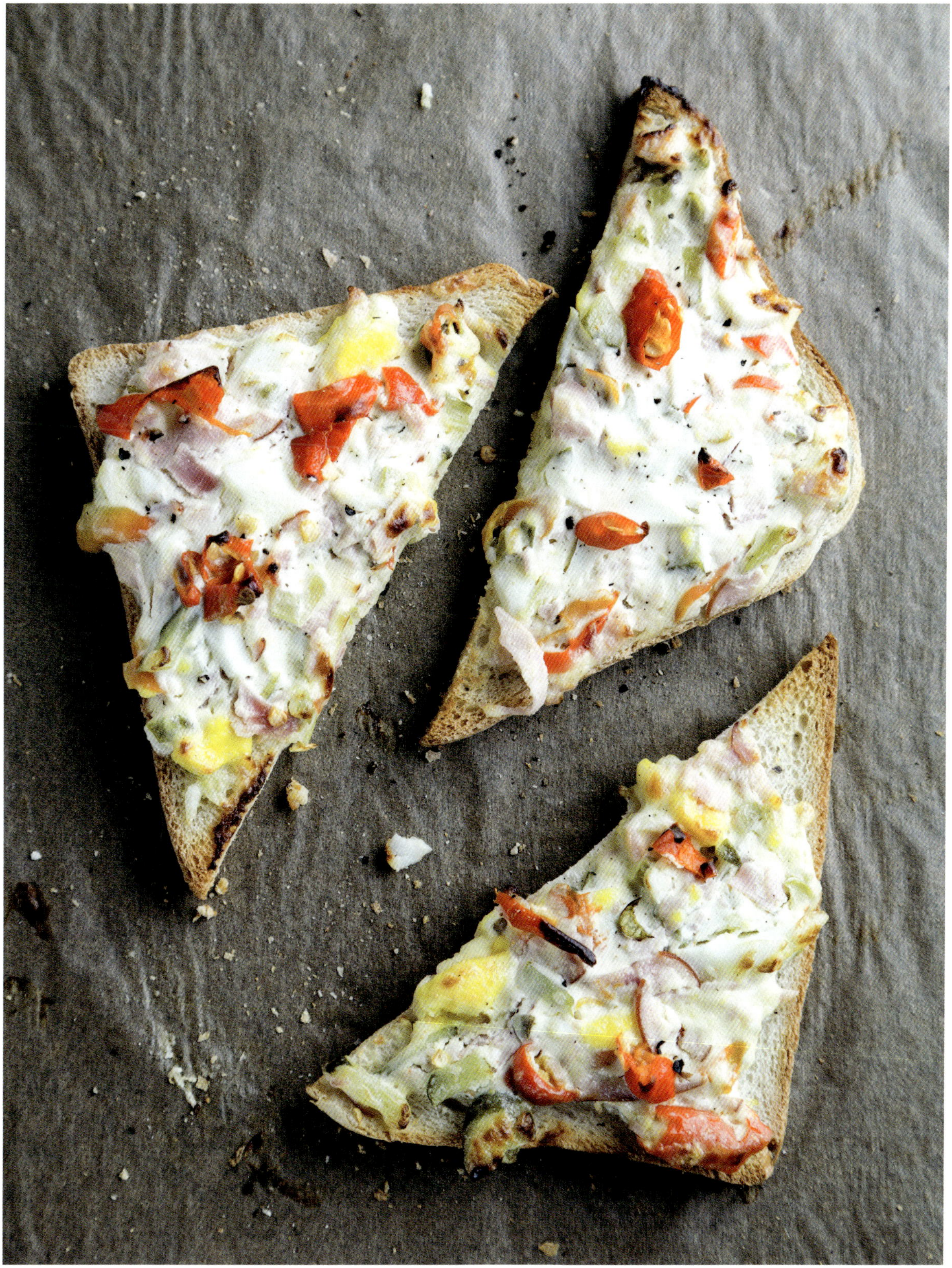

LUST AUF MEHR BROT?

Entdecke weitere Brotrezepte
in meinen anderen Kochbü-
chern „Simply Pizza, Pasta &
Co." oder „Simply Veggie".
Stöbere in meinem Blog oder
mach mit beim Brotbackkurs
in meiner Kochschule.

TIPPS FÜR BROTBÄCKERINNEN

Wie ihr „schnell" und einfach euer eigenes Brot backen könnt, verrate ich euch auf den nächsten Seiten.

ZUTATEN

Damit es beim Backen schneller geht, wiege ich auch Flüssigkeit mit der Waage ab. Bei den meisten Flüssigkeiten entspricht 1 ml = 1 g. Am einfachsten und ohne viel Abwaschen wiegst du alle Zutaten in einer Rührschüssel.

Ich habe immer frische Hefe zuhause, damit ich jederzeit Brot backen kann. Frische Hefe hat mehr Treibkraft, dadurch werden die Brote leichter.

Damit frische Hefe länger hält, friere ich sie ein. Ich verwende die doppelte Menge gefrorene frische Hefe als angegeben.

Statt 20 g frischer Hefe kannst du auch 7 g Trockenhefe verwenden.

Zum Brotbacken sind Weizenmehl Type 700 (AT) oder Type 550 (DE) ideal. Du kannst für alle meine Brotrezepte auch andere Mehlsorten wie Dinkel, Roggen oder alte Urkornsorten wie Emmer, Waldstaude & Co. verwenden.

Wenn du gerne Vollkorn isst, kannst du einen Teil oder auch die ganze Menge des angegebenen Mehls durch Vollkornmehl ersetzen. Beachte bitte, je höher der Vollkornanteil ist, desto mehr Flüssigkeit, Hefe und Zeit zum Gehen wird benötigt.

Sei kreativ! Verfeinere dein Brot mit Gewürzen, Kräutern, Nüssen, Oliven oder anderen Zutaten für mehr Abwechslung.

Da Mehl nie gleich ist und natürlichen Schwankungen unterliegt, benötigst du manchmal mehr oder weniger Wasser für die richtige Konsistenz.

Wenn dein Brotteig fertig ist, probiere ihn! Er sollte immer leicht salzig schmecken. Ein wenig gewürztes Brot schmeckt nicht besonders gut.

Statt Gerstenmalz kannst du eine Mischung aus Honig und Bier verwenden. 1 EL Gerstenmalz entspricht dabei 2 TL Honig und 1 TL Bier.

TEIGRUHE

Jedes Brot wird besser, wenn du den Teig mindestens 2 Stunden aufgehen lässt. Wenn es schnell gehen muss, kannst du die Teigruhe auch weglassen.

Stelle den Teig an einen warmen Ort, decke ihn mit einem Tuch zu und lasse ihn rasten. Knete den Teig während des Aufgehens einmal durch, für schöne Poren.

Nach der Teigruhe den Teig formen (zu Weckerl, Brotlaib etc.) und vor dem Backen nochmals 30 Minuten aufgehen lassen.

BROT BACKEN

Heize deinen Backofen für mindestens 30 Minuten vor, damit er die richtige Betriebstemperatur erreicht.

Brot wird besonders locker, wenn du es mit Dampf bäckst.

Backofen mit Dampffunktion: 3 Dampfstöße

Normaler Backofen: tiefes Backblech mit aufheizen. Wenn du das Brot in den Ofen schiebst, 250 ml kaltes Wasser auf das tiefe Blech gießen, sofort schließen. Nach 30 Minuten Backofentür öffnen und Dampf entweichen lassen. Achtung, der Dampf ist sehr heiß!

Das Brot nach dem Backen vom heißen Blech nehmen und auskühlen lassen. Brot erst schneiden, wenn es kalt ist.

AZ: 10 MIN | ZZ: 40 MIN

DINKELWECKERL

Das schnellste Brot der Welt

ZUTATEN

Für 10 Stück

450 g Dinkelmehl

50 g Dinkelvollkornmehl

200–250 ml lauwarmes Wasser

30 g Hefe

15 ml Olivenöl | 1 EL

15 g Fleur de Sel | 1 EL

15 g Gerstenmalz | 1 EL

15 g Honig | 1 EL

3 g Sauerteigpulver | 1 TL

ZUM BESTREUEN

50 g Sonnenblumenkerne, Sesam, Leinsamen oder Kürbiskerne

ZUBEREITUNG

Backofen auf 200 °C Heißluft vorheizen. Alle Zutaten in eine Schüssel geben und für mehrere Minuten zu einem Teig kneten. Wasser nach Bedarf dazugeben, der Teig soll nicht zu flüssig sein. Teig abschmecken, er sollte leicht salzig schmecken.

Den Teig in 10 Stücke teilen. Zu Kugeln formen. Mit Wasser bestreichen und nach Belieben mit Kernen oder Samen bestreuen. Optional den Teig ruhen lassen.

Die Weckerl auf ein Backblech mit Backpapier geben. 15–20 Minuten backen. Auskühlen lassen.

TIPPS

→ Tipps für BrotbäckerInnen Seite 87.

Wenn du die Weckerl weich und luftig magst, nimm sie nach 15 Minuten aus dem Backofen. Für knusprige Weckerl mindestens 20 Minuten backen.

AZ: 10 MIN | ZZ: 50 MIN

BUTTER-TOASTBROT

Das passt immer

ZUTATEN

Für eine Kastenform à 30 cm Länge

500 g Weizenmehl

200 ml Wasser

100 ml Vollmilch

20 g Hefe

10 g Sauerteigpulver | 1 EL

30 g Zucker | 2 EL

15 g Fleur de Sel | 1 1/2 EL

10 g Gerstenmalz | 1 EL

50 g Butter

20 g Crème frâiche

etwas Butter zum Einfetten
der Form

ZUBEREITUNG

Backofen auf 180 °C Heißluft vorheizen. Butter in Würfel schneiden und auf Zimmertemperatur bringen. Alle Zutaten in eine Schüssel geben (außer Butter und Crème frâiche) und für mehrere Minuten zu einem Teig kneten. Nach Bedarf mehr Wasser dazugeben, der Teig soll aber nicht zu flüssig sein. Zum Schluss Butter und Crème frâiche einrühren.

Teig abschmecken, er sollte leicht salzig und süß schmecken. Optional Teig ruhen lassen.

Die Kastenform mit Butter einfetten. Teig in die Form geben. Für 10 Minuten anbacken, danach für 30 Minuten bei 160 °C backen. Aus der Form nehmen und nochmals 10 Minuten bei 180 °C fertig backen. Das Toastbrot ist fertig, wenn es goldbraun ist. Es fühlt sich weich, aber nicht flüssig an.

Auskühlen lassen, kalt schneiden.

TIPPS

Mein Butter-Toastbrot ist leicht süßlich. Wenn du es lieber pikant magst, weniger Zucker verwenden.

Fertiges Toastbrot schneide ich in Scheiben und friere es ein. Für eckiges Toastbrot beim Backen ein kleines Backblech auf die Kastenform legen oder eine Toastbrot-Backform mit Deckel verwenden.

Das Toastbrot kannst du auch mit Öl (Raps- oder Olivenöl) statt Butter zubereiten.

Das passt immer

Mmh

SCHNELLE PASTA & REIS

Italien und Asien für Eilige.

AZ: 10 MIN | ZZ: 20 MIN

PASTA CARBONARA

Italienischer Nudelklassiker

ZUTATEN

160 g Speck*

1/4 Bund Petersilie | 12 g

40 g Parmesan | 8 EL

4 Eier

1 Prise schwarzer Pfeffer

5 EL Olivenöl | 75 ml

1 Knoblauchzehe mit Schale

3 Zweige Thymian

500 g Spaghetti, Linguine oder Taglioni

1 EL grobes Meersalz

ZUBEREITUNG

Speck feinwürfelig schneiden. Petersilie fein hacken. Petersilie, Parmesan und Eier in einer Schüssel verrühren. Pfeffern.

Olivenöl in einer Pfanne erhitzen. Speck mit Knoblauch und Thymian knusprig braten. Knoblauch und Thymian entfernen, Speck zu den Eiern geben.

Die Pasta im Salzwasser kochen [→ Die schnelle Beilage Seite 34]. Pasta abseihen, heiß in die Sauce geben. Umrühren und sofort servieren. Nach Bedarf nachsalzen.

TIPPS

*Je nach Vorliebe kann man Carbonara mit jeder Speckart zubereiten: Bauch-, Schinken- oder auch Karreespeck. Bauchspeck ist besonders fettreich und schmeckt nach Schwein, während Schinken- oder Karreespeck feiner und fettärmer sind.

Die klassische Carbonara in Italien wird immer ohne Schlagsahne zubereitet. Wer gerne Schlagsahne verwenden möchte, nimmt 200 ml Schlagsahne und 4 Eigelb statt ganzen Eiern.

AZ: 10 MIN | ZZ: 25 MIN

PENNE ALLA WODKA

Ein Italiener kocht in Russland

ZUTATEN

150 g Schinkenspeck

1/4 Bund Petersilie | 15 g

1 kleine Chili

1 Knoblauchzehe

3 EL Olivenöl | 45 ml

2 EL Wodka | 30 ml

500 g geschälte Tomaten

1 Lorbeerblatt

1/2 TL Fleur de Sel

1 Prise schwarzer Pfeffer

1 EL Zucker | 10 g

150 ml Schlagsahne

500 g Penne oder andere kurze
Pasta (Rigatoni, Fusilli etc.)

1 EL grobes Meersalz

ZUM SERVIEREN

50 g Parmesan

frische Petersilie

ZUBEREITUNG

Schinkenspeck in kleine Würfel schneiden. Petersilie und Chili fein hacken. Knoblauchzehe blättrig schneiden.

Olivenöl in einer Pfanne erhitzen. Schinkenspeck, Chili und Petersilie anbraten, bis sie leicht gebräunt sind. Knoblauch zum Schluss mitbraten Mit Wodka ablöschen und verkochen lassen. Mit den Tomaten aufgießen, Lorbeerblatt dazugeben, salzen, pfeffern, zuckern. Für zirka 15 Minuten köcheln lassen, bis die Sauce reduziert ist. Sauce abschmecken. Lorbeerblatt entfernen. Zum Schluss die Schlagsahne einrühren.

Pasta im Salzwasser kochen [→ Die schnelle Beilage Seite 34]. Abseihen und in eine Schüssel geben. Warme Sauce über die Pasta gießen, mit einem Vorlegebesteck vermischen und sofort servieren. Mit Parmesan und frischer Petersilie bestreuen.

TIPPS

Der Wodka in der Sauce sorgt für ein kräftigeres Aroma. Da er kaum Eigengeschmack hat, bringt er den Tomatengeschmack besonders gut zur Geltung.

Statt Wodka eignen sich auch Rotwein, Grappa oder Cognac, welche den Gesamtgeschmack natürlich mehr beeinflussen.

AZ: 10 MIN | ZZ: 15 MIN

ZUCCHINI-PASTA-GENOVESE

Eine schnelle Gemüsepasta

ZUTATEN

RUCOLA-PESTO ALLA GENOVESE

20 g Pecorino

50 g Parmesan

1/2 geschälte Knoblauchzehe

15 g Pinienkerne

30 g Rucola

100 ml Olivenöl

1 Prise Fleur de Sel

1 Sardelle

1 Prise schwarzer Pfeffer

ZUCCHINI-PASTA

150 g Schafskäse (z. B. Feta)

3 Zucchini

3 EL Olivenöl

1 Knoblauchzehe

3 Zweige Thymian

1/2 TL Fleur de Sel

ZUM SERVIEREN

50 g Rucola

Saft von 1 Zitrone

ZUBEREITUNG

Für das Pesto Käse reiben. Alle Zutaten in ein hohes Gefäß geben und mit dem Stabmixer pürieren. Abschmecken.

Schafskäse würfelig schneiden. Zucchini in dünne Streifen und daraus 2 cm breite Bandnudeln schneiden.

Olivenöl in einer Pfanne erhitzen. Zucchini-Nudeln mit Knoblauch und Thymian scharf anbraten. Salzen.

Zucchini-Nudeln mit Pesto übergießen, umrühren. Rucola unterheben, mit Zitronensaft beträufeln. Pfeffern. Sofort servieren.

TIPPS

Mit einem Sparschäler kannst du einfach Bandnudeln machen. Oder verwende einen Spiralschneider.

Das Pesto kann auch mit anderen Kräutern/Salaten zubereitet werden: Spinat, Mangold, Basilikum, Koriander.

CHICKEN-TOMATEN-CURRY

Der Duft Indiens

ZUTATEN

500 ml Hühnerfond [→ Seite 50]

600 g Hühnerbrust

1 TL Fleur de Sel

1 kleine Zwiebel | 60 g

3 cm Ingwer | 10 g

1 mittelgroße Karotte | 75 g

½ Knoblauchzehe

4 EL Öl (Maiskeim-, Raps- oder Sonnenblumenöl)

3 EL Butter

1 TL Koriander

½ TL Kreuzkümmel

2 Zimtstangen

½ TL Fenchel

2 Nelken

2 grüne Kardamomkapseln

2 TL Muskatblüte oder Macis

einige Safranfäden

200 g geschälte Tomaten

100 g Cashews

250 g Basmatireis

1 TL grobes Meersalz

125 ml Schlagsahne

1 EL Sojasauce

ZUBEREITUNG

Hühnerfond in einem Topf erhitzen, nicht aufkochen.

Hühnerbrust in kleine Würfel schneiden. Salzen. Zwiebel, Ingwer, Karotte und Knoblauch fein hacken. Öl in einem Topf erhitzen. Gemüse darin glasig braten. Danach aus dem Topf nehmen.

Im selben Öl Hühnerbrust anbraten, bis sie leicht gebräunt ist. Butter dazugeben, alle Gewürze mitrösten. Mit heißem Hühnerfond aufgießen. Geschälte Tomaten dazugeben. Curry aufkochen und auf mittlerer Hitze 15–20 Minuten ohne Deckel köcheln lassen, bis das Huhn weich ist.

Cashews in einer Pfanne ohne Öl rösten, bis sie leicht gebräunt sind und Röstaromen riechbar sind. Zum Curry geben.

Reis kochen [→ Die schnelle Beilage Seite 34].

Zum Schluss ganze Gewürze aus dem Curry herausnehmen. Salzen, pfeffern, Schlagsahne unterheben. Mit Sojasauce abschmecken. Nach Belieben mit etwas Stärke eindicken.

Mit Reis servieren.

TIPPS

Macis ist der essbare Mantel der Muskatnuss. Es schmeckt lieblicher und feiner als Muskatnuss. Es passt zu allen Speisen, wo du Muskatnuss dazugibst. Du kannst Muskatnuss ersatzweise verwenden.

Ich bevorzuge ganze Gewürze und mörsere sie immer frisch. Du kannst auch gemahlene Gewürze verwenden.

Indische Currys schmecken in jeder Region Indiens etwas anders. Verwende Gewürze, die du magst, und kreiere deine eigene Currymischung.

Statt den Einzelgewürzen kannst du auch 1–2 EL fertiges Currypulver verwenden.

KARDAMOM

MACIS

ZIMT

CHILI

KURKUMA

TASMANISCHER
PFEFFER

KORIA

ENGLISCHES
CURRY

MUSKATNUSS

SENF

WEISSER
PFEFFER

PAPRIKA

BOCKSHORNKLEE

SAFRAN

KREUZKÜMMEL

INDISCHES
CURRY

ZZ: 20 MIN

BEEF STIR FRY

Schnelles Wok-Gericht

ZUTATEN

300 ml Hühnerfond [→ Seite 50]

600 g Beiried
1 TL Fleur de Sel

3 Spitzpaprika | 250 g
2 Frühlingszwiebeln | 100 g
2 große Karotten | 200 g
10 cm Ingwer | 20 g
1 Chili
2 Knoblauchzehen
4 EL Sesamöl | 60 ml
2 TL geröstetes Sesamöl | 10 ml
300 g Zuckererbsenschoten
1 EL Sojasauce | 15 ml
2 EL Austernsauce | 30 ml
1 TL Fleur de Sel
1 Prise schwarzer Pfeffer

BEILAGE

Reis [→ Die Schnelle Beilage
Seite 34]

ZUBEREITUNG

Hühnerfond in einem Topf erhitzen, nicht aufkochen.

Beiried in dünne Streifen schneiden. Salzen.

Paprika, Frühlingszwiebeln und Karotten in dünne Streifen schneiden [→ Julienne, siehe Schneidetechniken Seite 22]. Ingwer, Chili und Knoblauch fein hacken.

Sesamöl in einer Pfanne erhitzen. Beiried scharf anbraten. Danach zur Seite geben.

Im selben Öl Erbsen, Paprika und Karotten scharf anbraten. Danach Zwiebel, Ingwer, Knoblauch und Chili dazugeben. Das Gemüse soll bissfest bleiben.

Fleisch dazugeben, mit etwas Hühnerfond ablöschen. Flüssigkeit verkochen lassen. Soja-, Austernsauce und geröstetes Sesamöl dazugeben und mit Zucker karamellisieren. Den restlichen Hühnerfond zugießen. Salzen, pfeffern, abschmecken.

Mit Reis servieren.

TIPPS

Verschiedene Reissorten sorgen für Abwechslung: roter oder schwarzer Reis, Wildreis, Jasminreis, Dinkelreis etc.

RISI E BISI

Italienisches Reisgericht

ZUTATEN

800 ml Hühnerfond [→ Seite 50]

50 g Schinkenspeck

1 kleine Schalotte | 30 g

¼ Bund Petersilie

1 EL Olivenöl | 15 ml

1 Knoblauchzehe mit Schale

3 Zweige Thymian

2 EL Butter | 30 g

250 g Risottoreis

⅛ l Weißwein

250 g gefrorene Erbsen

1 ½ TL Fleur de Sel

1 Prise schwarzer Pfeffer

ZUM SERVIEREN

50 g Butter

50 g Parmesan

frischer Thymian

ZUBEREITUNG

Hühnerfond in einem Topf erhitzen, nicht aufkochen.

Speck in 5 x 5 mm große Würfel schneiden. Schalotte und Petersilie fein hacken. Speck in Olivenöl mit Knoblauch und Thymian glasig dünsten, ohne zu bräunen. Zur Seite geben. Im selben Öl Schalotte und Petersilie glasig dünsten. Butter dazugeben.

Danach Reis hinzugeben, kurz anbraten, ohne den Reis zu bräunen. Mit Weißwein ablöschen und verkochen lassen.

Mit heißem Hühnerfond aufgießen, bis der Reis bedeckt ist. Unter ständigem Rühren nach und nach Fond nachgießen, der Reis muss immer bedeckt sein. Den Reis laut Packungsanleitung kochen, bis er al dente ist. 5 Minuten vor Schluss die Erbsen dazugeben. Zum Schluss soll der Fond komplett verkocht sein.

Reis vom Herd nehmen. Salzen und pfeffern. Zum Schluss Butter und etwas Parmesan in den Reis einarbeiten.

Die Knoblauchzehe und den Thymian entfernen. Mit Speck servieren. Mit Thymian garnieren.

Z Z : 2 5 M I N

QUINOA BOWL

Simply Quick vom Feinsten

ZUTATEN

250 g Quinoa [→ Die schnelle Beilage Seite 34]

1 TL grobes Meersalz

MANGO-SALSA

1 Tomate | 100 g

1 gelbe Spitzpaprika | 100 g

1 Mango | 500 g

1 Frühlingszwiebel | 50 g

Saft von 1 Limette | 30 ml

1 TL Fleur de Sel

1 Prise schwarzer Pfeffer

FLEISCH

500 g Hühnerbrust

1 TL Fleur de Sel

2 TL edelsüßes Paprika

1 EL Estragonsenf

1 EL Austernsauce

4 EL Olivenöl

1 Knoblauchzehe mit Schale

3 Zweige Thymian

2 EL Butter

50 ml Cognac

1 Prise schwarzer Pfeffer

ZUBEREITUNG

Quinoa kochen [→ Die schnelle Beilage Seite 34].
Für die Mango-Salsa Tomaten und Paprika halbieren und entkernen. Mango entkernen [→ Der perfekte Schnitt Seite 28].
Tomaten, Paprika, Mango und Frühlingszwiebel (nur Weißes verwenden) kleinwürfelig schneiden
[→ Brunoise, siehe Schneidetechniken Seite 22]. Alles Gemüse in eine Schüssel geben, Limettensaft dazugeben, salzen und pfeffern.
Mangosalsa nach Belieben püriert oder mit Stücken servieren.

Guacamole [→ Seite 122].

Huhn salzen. Mit Paprika, Senf, Austernsauce einreiben. Olivenöl in einer Pfanne erhitzen. Huhn auf mittelhoher Hitze mit Knoblauch und Thymian braten. Zum Schluss Butter dazugeben. Mit Cognac ablöschen. Pfeffern.

Hühnerbrust schneiden. Auf Quinoa mit Guacamole und Salsa geben.

TIPPS

Für eine Quinoa Bowl mit Rindfleisch das Rezept für Beef Stir Fry [→ Seite 104] verwenden.

Statt Quinoa kannst du auch Couscous, Reis & Co. verwenden.

ZZ: 25 MIN

RISOTTO VENEZIA

Venezianisches Sellerierisotto

ZUTATEN

800 ml Hühnerfond [→ Seite 50]

½ Chili

1 kleine Schalotte | 30 g

2 Stangen grüner Sellerie | 100 g

2 EL Butter | 30 g

1 EL Olivenöl | 15 ml

1 Knoblauchzehe mit Schale

3 Zweige Thymian

250 g Risotto-Reis

⅛ l Weißwein

1 ½ TL Fleur de Sel

1 Prise schwarzer Pfeffer

1 Prise Muskatnuss

50 g Butter

50 g Parmesan

ZUM SERVIEREN

50 g Parmesan

Olivenöl

Sellerieblätter

frischer Thymian

ZUBEREITUNG

Hühnerfond in einem Topf erhitzen, nicht aufkochen. Sellerieblätter zur Seite geben.

Chili entkernen. Schalotte, Chili und Sellerie fein hacken, in einem Topf mit Butter und Olivenöl, Knoblauch und Thymian für mehrere Minuten glasig braten.

Danach Reis hinzugeben, kurz anbraten, ohne den Reis zu bräunen. Mit Weißwein ablöschen und Wein verkochen lassen.

Mit heißem Hühnerfond aufgießen, bis der Reis bedeckt ist. Unter ständigem Rühren nach und nach mit Fond aufgießen, der Reis muss immer bedeckt sein. Den Reis laut Packungsanleitung kochen, bis er al dente ist. Zum Schluss soll der Fond komplett verkocht sein.

Risotto vom Herd nehmen. Mit Salz, Pfeffer und frisch geriebener Muskatnuss würzen. Zum Schluss Butter und Parmesan ins Risotto einarbeiten.

Die Knoblauchzehe und den Thymian entfernen. Mit frisch geriebenem Parmesan, ein paar Tropfen Olivenöl, Sellerieblättern und Thymian servieren.

Mmh

SCHNELLES GEMÜSE

... darf es gerne öfters am Speiseplan geben.

AZ: 10 MIN | ZZ: 40 MIN

BAKED SWEET POTATOES MIT CHILI-CRÈME-FRAÎCHE

Taste made in the USA

ZUTATEN

4 Süßkartoffeln | 800 g
1 TL Fleur de Sel

1 Chili
250 g Sauerrahm
125 g Crème fraiche
1 ½ TL Fleur de Sel
¼ Bund Petersilie | 10 g
Saft von 1 Limette | 30 ml

100 g Schinkenspeck
2 Frühlingszwiebeln | 100 g

ZUBEREITUNG

Backofen auf 200 °C Heißluft vorheizen. Süßkartoffeln waschen. Süßkartoffeln anstechen. In den Backofen geben und 30–40 Minuten backen, bis die Süßkartoffeln weich sind und Zuckerblasen aufsteigen.

Chili fein hacken. Sauerrahm, Crème fraîche cremig rühren. Salzen, Limettensaft und Chili unterheben.

Speck in dünne Streifen schneiden. Frühlingszwiebeln schräg hauchdünn schneiden.

Fertige Süßkartoffeln in der Mitte halbieren, salzen, mit Creme bestreichen, mit Speck und Zwiebeln bestreuen.

TIPPS

Baked Sweet Potatoes sind nicht wirklich schnell, weil sie bis zu 45 Minuten im Ofen sind. Weil das Gericht sehr einfach und ohne viel Aufwand ist, zählt es für mich trotzdem zur schnellen Küche.

Wenn du es eilig hast, verwende kleine Süßkartoffeln und backe sie auf 225 °C für 20– 30 Minuten.

ZZ: 20 MIN

POTATO TOSTATO

Schnelles Gemüsegericht

ZUTATEN

200 ml Gemüsefond
[→ Suppenwürze Seite 52]

3 große mehlige Kartoffeln | 400 g
2 Zucchini | 400 g

3 EL Olivenöl | 45 ml
1 Knoblauchzehe mit Schale
3 Zweige Thymian
1 TL Fleur de Sel
1 Prise schwarzer Pfeffer

ZUM SERVIEREN

125 g Crème fraîche oder
1 Basilikum-Pesto [→ Karotten mit
Koriander-Pesto Seite 120, Pesto mit
Basilikum zubereiten]

ZUBEREITUNG

Gemüsefond in einem Topf erhitzen, nicht aufkochen.

Kartoffeln schälen. Zucchini und Kartoffeln in kleine Würfel schneiden [→ Brunoise, siehe Schneidetechniken Seite 22].

Olivenöl in einer Pfanne erhitzen. Zucchini mit Knoblauch und Thymian scharf anbraten, bis sie eine schöne Farbe haben. Zur Seite stellen, Knoblauch und Thymian weiterverwenden.

Im selben Öl Kartoffeln anbraten. Mit heißem Gemüsefond aufgießen und auf höchster Stufe kochen, bis die Kartoffeln weich sind. Allen Gemüsefond verkochen lassen und die Kartoffeln mit etwas Öl nochmals braten, damit sie karamellisieren.

Zum Schluss Zucchini dazugeben, salzen und pfeffern. Gemüse mit Crème fraîche oder Basilikum-Pesto servieren. Optional mit Brot essen, z. B. Butter-Toastbrot [→ Seite 90].

TIPPS

Zucchini in wenig Öl braten, da diese wie ein Schwamm das Öl aufsaugen.

Die Kartoffeln kannst du auch ohne Fond kochen und stattdessen auf mittlerer Hitze weiterbraten. Sie benötigen dann aber länger, bis sie gar sind, und schmecken nicht so intensiv.

Besonders köstlich ist das Gericht im Sommer mit gelben oder hellgrünen Zucchini.

AZ: 10 MIN | ZZ: 20 MIN

PILZ-FRIKASSEE

Gebratene Pilze

ZUTATEN

500 g Pilze*

6 EL Olivenöl

1 Knoblauchzehe mit Schale

3 Zweige Thymian

50 g Schneckenbutter
[→ Seite 49]

1 1/2 TL Fleur de Sel

1 Prise schwarzer Pfeffer

ZUM SERVIEREN

einige Salatblätter

ZUBEREITUNG

Pilze putzen und nach Bedarf klein schneiden. Pilze in Olivenöl mit Knoblauch und Thymian anbraten. Zum Schluss Schneckenbutter dazugeben und glasieren, salzen und pfeffern.

Auf Blattsalat servieren.

TIPPS

*Am besten schmeckt's mit einer Mischung aus verschiedenen Pilzsorten: Champignons, Pfifferlingen, Steinpilzen.

Schneckenbutter hat nichts mit richtigen Schnecken zu tun, wird in der französischen Küche aber tatsächlich so benannt.

Du kannst dieses Gericht mit einigen Tropfen Trüffelöl verfeinern.

AZ: 10 MIN | ZZ: 25 MIN

KAROTTEN MIT KORIANDER-PESTO

Ein Hauch des Orients

ZUTATEN

KORIANDER-PESTO

1 geschälte Knoblauchzehe

2 Bund Koriander | 40 g

40 g Pinienkerne

50 g Parmesan

200 ml Olivenöl

1 $\frac{1}{2}$ TL Fleur de Sel

1 Sardelle

Saft von 1 Zitrone | 30 ml

1 Prise schwarzer Pfeffer

KAROTTEN

800 ml Hühnerfond [→ Seite 50]

6 Karotten | 600 g

5 EL Olivenöl

2 Knoblauchzehen mit Schale

4 Zweige Thymian

1 TL Fleur de Sel

etwas $\frac{1}{2}$ TL Zucker

3 EL Koriander-Pesto | 40 g

1 Prise schwarzer Pfeffer

ZUBEREITUNG

Für das Koriander-Pesto alle Zutaten mit dem Stabmixer pürieren. Abschmecken.

Hühnerfond erhitzen, aber nicht aufkochen. Karotten schälen und je nach Größe nur halbieren oder vierteln.

Olivenöl in einer breiten Pfanne erhitzen. Knoblauchzehen und Thymianzweige einlegen. Karotten zugeben und scharf anbraten, bis sie eine leichte Farbe haben. Salzen.

Mit heißem Hühnerfond aufgießen, bis die Karotten bedeckt sind. Auf höchster Hitze kochen, dabei immer Hühnerfond nachgießen. Die Karotten sind nach ca. 10 Minuten gar. Sie sollen noch einen leichten Biss haben, aber trotzdem weich sein. Zum Schluss den letzten Hühnerfond verkochen.

Etwas Olivenöl in die Pfanne geben und die Karotten mit Zucker fertig braten, bis sie glänzen und eine schöne Farbe haben.

Koriander-Pesto über die Karotten geben, Thymian und Knoblauch entfernen. Pfeffern und sofort servieren.

TIPPS

Anstelle von Koriander-Pesto kann beispielsweise auch Basilikum-Pesto verwendet werden.

Die Karotten schmecken außerdem gut mit Kräuterbutter [→ Seite 49].

AZ: 10 MIN | ZZ: 40 MIN

CORN ON THE COB

Tex-Mex-Food

ZUTATEN

4 Maiskolben | 800 g

1 TL Salz

80 g Butter

KORIANDER-PESTO

1/2 geschälte Knoblauchzehe

1 Bund Koriander | 20 g

50 g Parmesan

100 ml Olivenöl

Saft von 1/2 Limette

1 Prise schwarzer Pfeffer

1 Prise Fleur de Sel

PAPRIKA-DIP

1/2 Chili

200 g gegrillte Paprika aus dem Glas

100 g Crème fraîche

1/4 Knoblauchzehe

1/2 TL Fleur de Sel

GUACAMOLE

einige Korianderblätter

1/2 Knoblauchzehe

6 Kirschtomaten | 150 g

1/2 Frühlingszwiebel | 25 g

2 Avocados | 280 g

1 1/2 EL Limettensaft

1 TL Fleur de Sel

1 Prise schwarzer Pfeffer

ZUBEREITUNG

Backofen auf 200 °C Heißluft vorheizen. Mais salzen und mit etwas Butter einreiben, in Alufolie einwickeln. Restliche Butter zum Servieren aufheben. Für 30–40 Minuten im Backofen backen. Mais mit Pesto, Dip, Guacamole oder Butter essen.

KORIANDER-PESTO

Für das Koriander-Pesto alle Zutaten mit dem Stabmixer pürieren. Salzen und abschmecken.

PAPRIKA-DIP

Für den Paprika-Dip Chili entkernen. Alle Zutaten mit dem Stabmixer pürieren. Salzen und abschmecken.

GUACAMOLE

Für die Guacamole Koriander zupfen. Korianderblätter, Knoblauch, Tomaten und Frühlingszwiebel fein hacken. Die Avocados halbieren, den Kern herausnehmen und aufbewahren. Mit einem Löffel das Fruchtfleisch entfernen.

In einer Schüssel mit der Gabel oder einem Kartoffelstampfer das Fruchtfleisch leicht zerdrücken, es sollen noch kleine Stücke vorhanden sein. Tomaten, Koriander, Knoblauch, Limettensaft und Frühlingszwiebel dazugeben. Salzen und pfeffern.

TIPP

Das Koriander-Pesto schmeckt noch intensiver mit eine Sardelle. Die Sardelle kleinschneiden und mitpürieren.

ZZ: 15 MIN

SELLERIE-CHIPS

Knusprige Knolle

ZUTATEN

COCKTAIL-SAUCE

2 x klassische Mayonnaise
[→ Seite 46]

2 TL Estragonsenf

1 EL Zitronensaft

4 EL Ketchup

2–3 EL Cognac

1 Prise schwarzer Pfeffer

1 Sellerieknolle | 800 g

1 l Öl (Maiskeim-, Sonnenblumen-
oder Rapsöl)

1 TL Fleur de Sel

ZUBEREITUNG

Für die Cocktail-Sauce Mayonnaise mit den anderen Zutaten
verrühren. Abschmecken.

Sellerieknolle schälen und in dünne Streifen schneiden
[→ Julienne, siehe Schneidetechniken Seite 22].

Einen Topf mit Öl erhitzen. Die Selleriestreifen im heißen
Öl bei ca. 175 °C knusprig frittieren. Auf einem Teller mit
Küchenrolle abtropfen lassen. Salzen und heiß mit Cocktail-
Sauce servieren.

TIPP

Auch anderes Gemüse kannst du frittieren:
Topinambur, Zucchini, Kartoffeln etc.

ZZ: 15 MIN

AMEISEN AM BAUM

Klassiker der Sichuan-Küche

ZUTATEN

100 g Glasnudeln
200 ml Hühnerfond [→ Seite 50]
3 cm Ingwer | 10 g
1 Knoblauchzehe
1 Chili
2 rote Paprika | 400 g
1 grüne Paprika | 200 g
2 Frühlingszwiebeln | 100 g
4 EL Sesamöl
600 g Faschiertes vom Rind
1 TL Fleur de Sel
1 Prise schwarzer Pfeffer

SAUCE

3 EL Sojasauce
2 EL Austernsauce
2 EL Reisessig
2 EL Zucker

ZUM SERVIEREN

Eisberg-Salatblätter

ZUBEREITUNG

Einen Topf mit Wasser zum Kochen bringen. Glasnudeln ins Wasser geben, vom Herd nehmen und einige Minuten ziehen lassen.

Hühnerfond in einem Topf erhitzen, aber nicht aufkochen.

Ingwer fein reiben. Knoblauchzehe und Chili fein hacken. Paprika in kleine Würfel schneiden [→ Brunoise, siehe Schneidetechniken Seite 22]. Frühlingszwiebeln fein hacken

Sesamöl in einer Pfanne erhitzen. Gemüse scharf anbraten. Aus der Pfanne nehmen.

Im selben Öl Faschiertes scharf anbraten. Salzen. Gebratenes Gemüse dazugeben. Mit heißem Hühnerfond ablöschen, verkochen lassen. Saucen-Zutaten darübergeben und nochmals kurz braten. Pfeffern.

Glasnudeln abseihen. Eisberg-Salat vorsichtig zerteilen. Gebratenes Fleisch und Gemüse in die Salatblätter geben und heiß servieren.

Mmh

SCHNELL GEBRUTZELT

Ob am Grill, in der Pfanne oder
im Schmortopf – diese Gerichte sind
wahre Quickies.

AZ: 5 MIN | ZZ: 20 MIN

STEAK NACH ALEXANDER-ART

Fleisch, Fleisch, Fleisch

ZUTATEN

200 g Fleisch pro Person

$\frac{1}{2}$ TL Fleur de Sel

2 EL Öl

1 Knoblauchzehe

3 Zweige Thymian

1 EL Austernsauce

1 TL Worcestershiresauce

50 ml Cognac

etwas schwarzer Pfeffer

ZUBEREITUNG

Fleisch aus dem Kühlschrank nehmen. Salzen.

Öl in einer Pfanne erhitzen. Knoblauchzehe und Thymian dazugeben. Steak auf einer Seite scharf anbraten. Umdrehen und die andere Seite braten. Austernsauce und Worcestershire Sauce darübergießen und karamellisieren. Fleisch testen, ob es durch ist [→ Steak richtig braten Seite 39]. Mit Cognac ablöschen.

Pfeffern, in Alufolie einwickeln und rasten lassen.

Das Steak kannst du jetzt als Ganzes oder in Streifen geschnitten servieren oder noch einmal kurz in die Pfanne geben und erhitzen.

TIPPS

Steak schmeckt besonders gut mit Kräuterbutter [→ Seite 49].

Verwende dein Lieblingssteak. Filet oder Lungenbraten ist am zartesten durch seinen geringen Fettgehalt, wird aber sehr schnell trocken.

Beiried oder Rumpsteak ist etwas durchzogener als Filet, aber immer noch recht zart und saftig.

Dry-Aged-Steaks, T-Bone-Steaks, Porterhouse etc. sind die klassischen Steakarten und haben das intensivste Fleischaroma.

Lass dich vom Fleischer beraten, welches Steak für dich am besten ist. Klassische Steaks sind mindestens 2–3 Zentimeter dick.

Alexander hat mich bei allen Kochbüchern mit Rat und Tat unterstützt. Deswegen widme ich ihm dieses Rezept.

TERIYAKI-SPIESSE

Streetfood aus Japan

ZUTATEN

Teriyaki-Sauce

1 cm Ingwer

100 ml Sake

100 ml Mirin

50 ml Sojasauce

50 ml Wasser

1 EL Zucker

FLEISCHBÄLLCHEN

2 Frühlingszwiebel | 100 g

5 cm Ingwer | 15 g

800 g Faschiertes vom Rind

4 Eigelb oder 2 Eier

100 g Semmelbrösel

3 EL Sake

3 EL Sojasauce

1 TL Zucker

1 1/2 TL Fleur de Sel

HOLZSPIESSE

4 EL Sesamöl zum Braten

1 Prise schwarzer Pfeffer

Sesam zum Bestreuen

ZUBEREITUNG

Ingwer schälen und fein reiben. Für die Teriyaki-Sauce alle Zutaten in einen Topf geben. Einmal aufkochen, umrühren und vom Herd nehmen.

Für die Fleischbällchen Frühlingszwiebel fein hacken. Ingwer reiben. In einer Schüssel mit allen anderen Zutaten zu einer klebrigen Masse verbinden. Wenn die Masse zu feucht ist, etwas Mehl oder Semmelbrösel einarbeiten. Aus der Masse tischtennisballgroße Bällchen formen.

Holzspieße mit Öl einreiben. Fleischbällchen auf die Spieße stecken, in heißem Sesamöl in einer Pfanne braten. Nach dem Braten mit Teriyaki-Sauce ablöschen. Pfeffern, mit Sesam bestreuen und sofort servieren.

TIPPS

Zum leichteren Formen Masse 30 Minuten kalt stellen.

Die Teriyaki-Sauce ist im Kühlschrank einige Wochen haltbar.

Nicht japanisch, aber besonders gut schmeckt es mit Koriander. 1/4 Bund fein hacken und in die Masse einarbeiten.

ZZ: 20 MIN

ZÜRCHER GESCHNETZELTES

Schweizer Fleischeintopf

ZUTATEN

600 g Kalbfleisch zum
Kurzbraten

1 ½ TL Fleur de Sel

250 g Champignons

2 Schalotten | 60 g

4 EL Olivenöl

1 Knoblauchzehe mit Schale

3 Zweige Thymian

200 ml Hühnerfond [→ Seite 50]

4 EL Butter | 50 g

$\frac{1}{16}$ l Weißwein

250 ml Schlagsahne

½ TL Fleur de Sel

1 Prise schwarzer Pfeffer

Saft von 1 Zitrone | 30 ml

ZUM SERVIEREN

frische Petersilie

ZUBEREITUNG

Backofen auf 60 °C Heißluft vorheizen.

Das Fleisch in dünne Streifen schneiden und salzen, Champignons in dünne Scheiben schneiden, Schalotten fein hacken.

Olivenöl in einer Pfanne erhitzen. Knoblauchzehe und Thymian dazugeben. Fleisch scharf anbraten, es soll innen noch leicht rosa sein. Zum Schluss mit Hühnerfond ablöschen. Alles aus der Pfanne nehmen, im Ofen bei 60 °C warm stellen.

Champignons und Schalotten in Butter anbraten. Mit Weißwein ablöschen. Fleisch und Schlagsahne dazugeben, nur erwärmen, nicht aufkochen. Salzen, pfeffern, Zitronensaft dazugeben.

Mit Petersilie bestreut servieren.

TIPPS

Am besten schmecken Kalbsfilet, Oberschale oder Kaiserteil.

Das Gschnetzelte kannst du auch mit anderen Fleischsorten (Rind, Huhn oder Schwein) zubereiten.

Als Beilage empfehle ich gekochte Kartoffeln oder Pappardelle.

ZZ: 15 MIN

SCALOPPINE AL MARSALA

Italienisches Naturschnitzel

ZUTATEN

600 g Kalbsschnitzel

1 TL Fleur de Sel

1 EL Weizenmehl

300 ml Hühnerfond [→ Seite 50]

4 EL Olivenöl | 60 ml

1 Knoblauchzehe mit Schale

2 Zweige Thymian

2 EL Butter

1 Prise schwarzer Pfeffer

50 g Butter

1/8 l Marsala

ZUBEREITUNG

Das Kalbfleisch dünn schneiden, mit dem Fleischhammer plattieren. Fleisch auf beiden Seiten mit Fleur de Sel einreiben, eine Seite mit Mehl stauben [→ Fotos bei Saltimbocca Seite 146].

Hühnerfond in einem Topf erhitzen, nicht aufkochen. Backofen auf 60 °C Heißluft vorheizen.

Olivenöl in einer großen Pfanne erhitzen, Knoblauch und Thymian dazugeben.

Die Schnitzel zuerst auf der unbemehlten Seite scharf anbraten. Nur einmal umdrehen, bis sie leicht gebräunt sind. Nach dem Umdrehen etwas Butter dazugeben.

Schnitzel aus der Pfanne nehmen und im Backofen warm halten. Pfeffern.

Den Bratensatz mit heißem Hühnerfond aufgießen. Auf höchster Hitze einige Minuten köcheln lassen. Zum Schluss kalte Butter dazugeben.

Schnitzel in die Sauce geben. Marsala darübergießen. Anzünden und flambieren. Sofort servieren.

ZZ: 15 MIN

BOEUF STROGANOFF

Haute cuisine aus Russland

ZUTATEN

250 g Champignons

600 g Beiried oder
Lungenbraten vom Rind

1 große Schalotte | 50 g

4 große Essiggurken | 120 g

1 TL Fleur de Sel

1 EL Mehl

5 EL Olivenöl

1 Knoblauchzehe mit Schale

3 Zweige Thymian

1/16 l Weißwein

300 ml Hühnerfond [→ Seite 50]

1 TL Estragonsenf

1/2 TL Zucker

200 ml Schlagsahne

100 g Crème fraîche

1 TL Fleur de Sel

1 Prise schwarzer Pfeffer

ZUBEREITUNG

Je nach Größe Champignons halbieren oder vierteln. Fleisch in 3 cm große Würfel schneiden. Schalotte fein hacken. Essiggurken je nach Größe grob hacken oder ganz lassen. Fleisch salzen und mit Mehl stauben.

Olivenöl in einer Pfanne erhitzen. Fleisch mit Knoblauch und Thymian scharf anbraten [→ Fleisch richtig zubereiten Seite 36]. Aus der Pfanne nehmen und im Backofen bei 60 °C warm halten.

Schalotten im gleichen Öl glasig braten. Champignons dazugeben und mitbraten. Mit Weißwein ablöschen und verkochen lassen. Mit heißem Hühnerfond aufgießen und aufkochen lassen.

Essiggurken und Fleisch dazugeben. Knoblauch und Thymian entfernen. Senf, Zucker, Schlagsahne und Crème fraîche dazugeben und umrühren. Mit Salz und Pfeffer abschmecken.

Sofort servieren.

ZZ: 20 MIN

LACHSFILET À LA SAUCE BÉARNAISE

Für anspruchsvolle Genießer

ZUTATEN

LACHSFILET

600 g Lachsfilet

1 TL Fleur de Sel

3 EL Olivenöl

1 Knoblauchzehe mit Schale

3 Zweige Thymian

SAUCE BÉARNAISE

3 Schalotten | 90 g

1/2 Bund Estragon | 10 g

1/2 Bund Kerbel | 10 g

2 EL Olivenöl

7 EL Weißweinessig | 100 ml

250 g Butter

4 Eigelb

2 TL Fleur de Sel

1 Prise schwarzer Pfeffer

ZUM SERVIEREN

1 Zitrone

Dille

ZUBEREITUNG

LACHS

Den Lachs auf allen Seiten salzen. Olivenöl in einer Pfanne erhitzen. Knoblauchzehe und Thymian dazugeben. Lachs auf mittlerer Hitze glasig braten [→ Fisch richtig zubereiten Seite 40].

SAUCE BÉARNAISE

Schalotten und Kräuter fein hacken. Olivenöl in einer Pfanne erhitzen. Schalotten und Kräuter darin glasig dünsten. Mit Essig ablöschen und auf starker Hitze einkochen, bis kaum noch Flüssigkeit da ist. Um die Butter für die Sauce Béarnaise zu klären, Butter in eine Pfanne geben und auf hoher Hitze schmelzen. Achtung, die Butter darf nicht bräunen! Wenn sie komplett geschmolzen ist, den weißen Schaum mit einem Löffel abschöpfen und kurz abkühlen. Eigelb in eine Schüssel geben und mit dem Mixer schaumig rühren. Die Schüssel auf ein Wasserbad stellen. Etwas warme Butter zufügen und ständig rühren. Nach und nach so lange Butter dazugeben, bis die Sauce cremig wie eine Mayonnaise ist.

Zum Schluss Essigsud dazugeben. Salzen und pfeffern. Wenn die Sauce zu stocken beginnt, verdünne sie mit warmen Hühnerfond oder Wasser. Das Lachsfilet pfeffern und mit warmer Sauce Béarnaise und aufgeschnittener Zitrone servieren. Mit Dille garnieren.

TIPPS

Sauce Béarnaise kannst du leider nicht vorbereiten. Sie muss immer frisch vor dem Servieren zubereitet werden.

Beste Ergebnisse erzielst ich mit folgendem Arbeitsablauf:

Ich bereite als Erstes den Essig-Kräutersud vor, trenne die Eier. Dann brate ich den Lachs fast durch und halte ihn im Backrohr bei 80 °C warm. Jetzt kann ich in aller Ruhe die Sauce Béarnaise fertigstellen. Ich kläre die Butter und beginne mit der Ei-Butter-Emulsion. Zum Schluss noch die Sauce abschmecken, Lachs auf Teller geben und mit warmer Sauce servieren. Voilà, so einfach geht das!

Statt Estragon und Kerbel kannst du auch andere Kräuter verwenden, z. B. Petersilie. Anstelle von Estragon zum Schluss 1 TL Estragonsenf zur Sauce geben.

Wenn es besonders schnell und einfach gehen soll, serviere den Lachs mit Kräuterbutter [→ Seite 49] statt Sauce Béarnaise.

AZ: 15 MIN | ZZ: 30 MIN

SÜDTIROLER ZITRONENFORELLE

So schmeckt Meran

ZUTATEN

2 küchenfertige Forellen | 600 g

2 Zitronen

1 TL Fleur de Sel

3 EL Weizenmehl

2 Zweige Thymian

5 EL Olivenöl

1 Knoblauchzehe mit Schale

3 Zweige Thymian

3 EL Butter

Saft von 2 Zitronen

Zesten von 2 unbehandelten Zitronen

200 ml Hühnerfond [→ Seite 50]

1 TL Fleur de Sel

1 Prise schwarzer Pfeffer

2 TL Zucker

100 g Butter

ZUBEREITUNG

Nach Bedarf die Forellen entschuppen. Zitronen in Scheiben schneiden.

Fisch auf beiden Seiten mit Fleur de Sel einreiben, eine Seite mit Mehl bestäuben ①. Die Bauchhöhle salzen ②, Thymian und Zitronenscheiben hineingeben ③.

Backofen auf 200 °C Heißluft vorheizen.

In einer großen Pfanne Olivenöl erhitzen, Knoblauch und Thymian dazugeben. Den Fisch scharf anbraten, bis er leicht gebräunt ist. Nur einmal umdrehen. Etwas Butter dazugeben. Zitronensaft und -zesten zufügen, mit heißem Hühnerfond ablöschen.

Fisch in der Pfanne oder in einer ofenfesten Form im Backofen 10–15 Minuten schmoren.

Fisch aus dem Ofen nehmen, Sauce salzen, pfeffern und zuckern, mit Butter montieren und noch kurz köcheln lassen.

Den Fisch vor dem Servieren pfeffern.

TIPP

Statt Forelle eignen sich auch sehr gut Wolfsbarsch (Branzino), Goldbrasse (Dorade) oder Saibling.

AZ: 15 MIN | ZZ: 20 MIN

SALTIMBOCCA

Gefülltes Kalbsschnitzel mit Salbei

ZUTATEN

800 g Kalbsschnitzel |
ca. 8 Stück

2 Mozzarella di bufala | 300 g

1 TL Fleur de Sel

1 Prise schwarzer Pfeffer

8 Salbeiblätter

8 Scheiben Prosciutto | 80 g

2 EL Weizenmehl

Holzspieße, Rouladennadeln
oder Küchengarn

4 EL Olivenöl

1 Knoblauchzehe mit Schale

2 Salbeiblätter

3 EL Butter

$1/_{16}$ l Weißwein

1 Prise schwarzer Pfeffer

200 ml Hühnerfond [→ Seite 50]

50 g Butter

ZUBEREITUNG

Kalbsschnitzel mit einem Schnitzelklopfer sehr dünn klopfen ①. Mozzarella in dünne Scheiben schneiden. Beidseitig salzen, nur eine Seite pfeffern. Auf die gepfefferte Seite ein Salbeiblatt, etwas Mozzarella und eine Scheibe Prosciutto geben ②+③. Fleisch zusammenklappen, mit Spießen verschließen oder zusammenbinden ④+⑤. Eine Seite mit Mehl stauben ⑥.

Backofen auf 60 °C Heißluft vorheizen.

Olivenöl in einer Pfanne erhitzen. Knoblauchzehe und Salbei in die Pfanne geben ⑦. Auf mittelhoher Hitze das Fleisch auf allen Seiten anbraten. Mit der unbemehlten Seite beginnen. Nach dem Umdrehen Butter auf das Fleisch legen und die Pfanne zudecken ⑨. Das Fleisch ist fertig, wenn der Käse herausrinnt. Zum Schluss Fleisch mit Weißwein ablöschen.⑩

Fertiges Fleisch aus der Pfanne nehmen und pfeffern. Mit Alufolie einwickeln. Im Backofen warm halten ⑪. Mit heißem Hühnerfond aufgießen, Bratensatz lösen ⑫ und kurz köcheln lassen. Sauce mit 50 g Butter aufschlagen und abschmecken.

Warme Sauce über das Fleisch gießen und sofort servieren.

[→ Schritte siehe nächste Seite]

TIPP

Als Beilage passt das Butter-Kartoffelpüree
[→ Seite 162] sehr gut.

Mmh

SCHNELLE BRATEN

Bei Braten denkt man nicht gerade an
schnelle Küche. Ich zeuge euch Bratengerichte,
die in Windeseile zubereitet sind.

AZ: 30 MIN | ZZ: 2H 30 MIN

RINDSROULADE

Wiener Wirtshausküche vom Feinsten

ZUTATEN

4 Stück Rindfleisch* | 750 g

2 TL Fleur de Sel

1 Prise schwarzer Pfeffer

4 EL Estragonsenf | 100 g

4 kleine Karotten | 125 g

4 große Essiggurken | 150 g

150 g dünn geschnittener Schinkenspeck

1 EL Weizenmehl

Holzspieße, Küchengarn oder Rouladennadeln

5 EL Olivenöl

1 Knoblauchzehe mit Schale

3 Zweige Thymian

3 EL Butter

500 ml Hühnerfond [→ Seite 50]

250 ml schwerer Rotwein (Zweigelt oder Merlot)

250 ml Schlagsahne

ZUBEREITUNG

Das Rindfleisch mit einem Schnitzelklopfer dünn klopfen ①. Eine Seite salzen, die andere pfeffern ②. Die gepfefferte Seite mit Senf einstreichen ③.

Karotten schälen und vierteln. Essiggurken je nach Größe ganz lassen oder halbieren.

Auf die gepfefferte Seite die Speckscheiben legen, in die Mitte die Karotte und Gurken platzieren ④+⑤. Die Roulade einrollen und mit einem Spieß, Garn oder Nadel fixieren ⑦+⑧. Eine Außenseite mit Mehl stauben.

Backofen auf 180 °C Heißluft vorheizen.

Einen großen Schmortopf mit Olivenöl erhitzen. Knoblauchzehe und Thymian dazugeben ⑨. Das Fleisch scharf von allen Seiten anbraten. Butter dazugeben ⑩. Mit 1 Schöpfer heißem Hühnerfond und etwas Rotwein übergießen und die Flüssigkeit auf hoher Hitze verkochen lassen ⑪. Bratensatz vom Topf lösen ⑫.

Mit restlicher Flüssigkeit aufgießen. Deckel auf den Topf geben und im Ofen schmoren lassen, bis das Fleisch gar ist. Je nach Fleischgröße dauert das mindestens 90–120 Minuten. Nach 45 Minuten die Hitze auf 160 °C reduzieren. Das Fleisch gelegentlich mit Bratenflüssigkeit übergießen. Es ist durch, wenn es sich weich anfühlt.

Nach dem Schmoren die Roulade aus der Sauce nehmen. Schlagsahne einrühren, mit einem Stabmixer aufschäumen und kurz erhitzen ⑬. Spieße von der Roulade entfernen, Fleisch auf einer Platte anrichten und mit Sauce servieren.

[→ Schritte siehe nächste Seite]

TIPPS

*Schnitzel, Schwarzes Scherzl, Kaiserteil oder Oberschale

Diese Speise ist das „aufwändigste" Gericht in diesem Buch. Rindsrouladen sind nicht kompliziert in der Zubereitung, deswegen ist es Teil meiner „Simply Quick"-Küche. Ideal für die „schnelle" Sonntagsküche.

Rindsrouladen eignen sich ideal zum Einfrieren.

Als Beilage empfehle ich Butter-Kartoffelpüree [→ Seite 162], Reis oder Pappardelle [→ Die schnelle Beilage Seite 34].

AZ: 10 MIN | ZZ: 1 H 40 MIN

BRATHUHN IN DER FOLIE

Das einfachste Brathendl der Welt

ZUTATEN

400 g Kartoffeln

3 Äpfel | 450 g

1 Brathuhn | 1,5 kg

2 TL Fleur de Sel

2 TL Paprika edelsüß

50 ml Grand Marnier

3 Zweige Thymian

1 Prise schwarzer Pfeffer

1 Bratfolie

ZUBEREITUNG

Backofen auf 200 °C Heißluft vorheizen.

Kartoffeln schälen und vierteln. Äpfel vierteln und Kerngehäuse entfernen. Huhn außen und innen salzen und mit Paprika einreiben ①. Innen pfeffern ②. Mit Grand Marnier beträufeln ③. Die Bauchhöhle mit Äpfeln füllen ④. Das gefüllte Huhn vorsichtig in die Bratfolie schieben ⑤. Kartoffeln salzen und um das Huhn verteilen. Thymian dazugeben ⑥. Bratfolie verschließen, einige Löcher einstechen ⑦+⑧.

Das Huhn in den Backofen auf die zweite Schiene von unten schieben. Ausreichend Platz zwischen Huhn und oberen Heizspiralen lassen, die Folie dehnt sich aus und soll nicht schmelzen.

Das Brathuhn ca. 90 Minuten backen.

Danach vorsichtig aus der Folie nehmen, pfeffern, tranchieren. Zum Zerteilen am besten eine Geflügelschere verwenden. Als Erstes ⑨ das Huhn der Länge nach zerteilen und auseinanderklappen. Die Brust auslösen ⑩. Zum Schluss Flügel und Keulen abtrennen ⑪.

Die Folie ausdrücken und Bratensaft abgießen ⑫+⑬.

Bratensaft auffangen. Huhn mit Gemüse und Bratensaft servieren.

[→ Schritte siehe nächste Seite]

TIPPS

1 kg Huhn benötigt ca. 60 Minuten Bratzeit. Die Bratzeit an das Gewicht des Huhns anpassen.

Bratfolie bekommst du in Drogieren, einigen Supermärkten oder bei diversen Onlinehändlern. Auf die Maximaltemperatur des Herstellers achten, damit die Folie nicht schmilzt. Bratfolie wird auch als Brathülle oder Bratschlauch verkauft.

Das Huhn kannst du auch anders füllen: Birnen, Nüsse, Trockenfrüchte, Quitte etc.

AZ: 15 MIN | ZZ: 1 H 15 MIN

SCHWEINSBRATEN

Saftig und gut

ZUTATEN

BRATEN

$1/4$ l Hühnerfond [→ Seite 50]

2 Knoblauchzehen

3 cm Ingwer | 10 g

1 kg Schweinskarree im Ganzen mit Schwarte

2 TL Fleur de Sel

4 EL Olivenöl

3 Zweige Thymian

3 EL Butter

$1/8$ l Weißwein

1 EL Honig

ZUBEREITUNG

Backofen auf 160 °C Heißluft vorheizen. Hühnerfond in einem Topf erhitzen, nicht aufkochen ①.

Knoblauch und Ingwer fein hacken. Die Schwarte des Fleischs kreuzweise einschneiden ②. Fleisch salzen und mit Ingwer und Knoblauch einreiben ③. Olivenöl in einem Schmortopf erhitzen. Fleisch von allen Seiten mit Thymian anbraten ④+⑤. Zum Schluss soll die Schwarte nach unten zeigen. Butter auf das Fleisch geben.

Mit Weißwein ablöschen. Die Flüssigkeit verkochen lassen. Mit heißem Hühnerfond aufgießen ⑥.

In den Backofen geben und 30 Minuten schmoren. Danach das Fleisch umdrehen, die Schwarte soll nach oben zeigen. Während des Backens öfters mit Hühnerfond übergießen ⑦.

Weitere 15–20 Minuten schmoren. Danach Schwarte mit Honig einstreichen ⑧. Hitze auf 230 °C Grill oder Oberhitze/Unterhitze erhöhen und das Fleisch noch ca. 10 Minuten schmoren, bis die Schwarte knusprig und braun ist. Wenn der Braten zum Bräunen im Ofen ist, bitte beobachten, damit er nicht verbrennt.

Fleisch in 1 cm dicke Scheiben schneiden, mit Bratensaft und Apfelkompott servieren.

[→ weiter geht's auf der nächsten Seite]

APFELKOMPOTT

4 Äpfel | 600 g

5 cm Ingwer

1 Stange Zimt

2 TL Zucker

1/2 TL Fleur de Sel

APFELKOMPOTT

Während der Schweinsbraten im Ofen ist, das Apfelkompott zubereiten. Äpfel schälen und Kerngehäuse entfernen. In Viertel schneiden. Ingwer in dünne Streifen schneiden. Äpfel, Ingwer, Zimt, Zucker und Salz in einen Topf geben, mit Wasser bedecken, zum Kochen bringen. Zugedeckt bei mittlerer Hitze für ca. 20 Minuten köcheln, bis die Äpfel weich sind. Zimtstange nicht mitservieren.

TIPP

Ich liebe Karree, weil es mager ist und zart schmeckt. Du kannst auch andere Fleischstücke wie Schulter, Schopf etc. verwenden.

Zum Schweinsbraten passt auch hervorragend Kartoffel-Püree.

AZ: 15 MIN ZZ: 35 MIN

BUTTER-KARTOFFELPÜREE

Die beste Beilage für den Sonntagsbraten

ZUTATEN

750 g mehlige Kartoffeln

2 Knoblauchzehen mit Schale

6 Zweige Thymian

150 ml Milch

1 TL Fleur de Sel

etwas Muskatnuss

bis zu 200 g Butter

ZUBEREITUNG

Kartoffeln sorgfältig waschen und in einem Topf mit Wasser kochen. Eine Knoblauchzehe und 3 Zweige Thymian mitkochen.

In einem weiteren Topf Milch mit Thymian, Knoblauch zum Kochen bringen. Wenn die Milch kocht, vom Herd nehmen, zudecken und ziehen lassen. Nach 10 Minuten Thymian und Knoblauch entfernen.

Wenn die Kartoffeln durch sind, abseihen, kalt abschrecken und schälen. Zurück in den Topf geben und die Kartoffeln noch warm mit einem Kartoffelstampfer stampfen. Mit warmer Milch aufgießen, mit dem Schneebesen verrühren. Salzen und mit Muskatnuss abschmecken. Butter unterheben und Püree servieren.

TIPPS

Wenn es schnell gehen soll, Kartoffeln im Schnellkochtopf kochen.

Die Schale der Kartoffel schützt das Innere und bewahrt das Aroma, deswegen schäle ich sie danach.

Einfacher ist es, wenn du Kartoffeln vorher schälst. Dadurch geht aber viel Geschmack ins Kochwasser über, welches du nachher wegschüttest.

Ich liebe Butter im Kartoffelpüree, deswegen verwende ich sie großzügig. Das ist zwar viel Fett, schmeckt aber besonders gut, und du wirst mit einer kleineren Portion satt. Du kannst natürlich die Buttermenge an deinen Geschmack anpassen.

Die beste Beilage für den Sonntagsbraten

AZ: 20 MIN | ZZ: 1 H 20 MIN

COQ AU VIN

Französischer Hühnereintopf mit Rotwein

ZUTATEN

1 Brathuhn | 1,5 kg

1 TL Fleur de Sel

3 Karotten | 200 g

2 Stangen Sellerie | 100 g

60 g Schinkenspeck

200 g Champignons

5 kleine Schalotten | 100 g

4 mehlige Kartoffeln | 600 g

500 ml Hühnerfond [→ Seite 50]

4 EL Olivenöl

2 Knoblauchzehen mit Schale

6 Zweige Thymian

50 g Butter

1 Flasche Rotwein | 700 ml

2 Lorbeerblätter

1 TL Fleur de Sel

1 Prise schwarzer Pfeffer

1 TL Zucker

ZUBEREITUNG

Das Brathuhn auslösen und in 6 Stücke zerteilen ①+② (Brust, Keulen, Flügel).

Fleischstücke schneiden und salzen. Für eine besonders schöne Form Fleisch mit Küchengarn zusammenbinden ③.

Karotten schälen und halbieren. Sellerie und Karotten in 8 mm dicke Scheiben schneiden ④. Schinkenspeck würfelig schneiden. Champignons je nach Größe vierteln oder halbieren. Schalotten schälen und ganz lassen ⑤. Kartoffeln würfeln.

Hühnerfond in einem Topf erhitzen, nicht aufkochen.

Olivenöl in einem Schmortopf erhitzen. Schinkenspeck darin gut anbraten ⑥. Aus dem Topf nehmen. Im selben Öl Champignons scharf anbraten, bis sie leicht gebräunt sind ⑦. Aus dem Topf nehmen. Im selben Öl Gemüse anbraten, bis es leicht gebräunt ist. Zur Seite stellen ⑧.

Die Hühnerstücke im selben Öl mit Knoblauch und Thymian anbraten, bis sie gut gebräunt sind ⑨. Butter dazugeben. Mit einem Schöpfer heißem Hühnerfond ablösen und verkochen lassen ⑩. Bratensatz lösen. Restlichen Fond und Rotwein aufgießen ⑪. Alles Gemüse, Speck und Lorbeerblätter dazugeben ⑫. Einmal aufkochen und zugedeckt bei mittlerer Hitze 40 Minuten köcheln lassen. Der Eintopf soll nur leicht blubbern. Danach Deckel abnehmen und noch 20 Minuten ohne Deckel kochen. Das Gericht ist fertig, wenn das Fleisch durch ist.

Zum Schluss Knoblauchzehe, Thymian und Lorbeer entfernen. Salzen, pfeffern, zuckern und abschmecken. Heiß servieren.

[→ Schritte siehe nächste Seite]

TIPP

Am besten schmecken Rotweine wie Merlot, Bordeaux, Zweigelt oder Chianti.

Mmh

SCHNELLE
DESSERTS

So zauberst du mit wenigen Handgriffen
weltbekannte Süßspeisen.

Schnelles italienisches Dessert

SGROPPINO

Schnelles italienisches Dessert

ZUTATEN

250 g Zitronensorbet | 8 Kugeln

75 ml Schlagsahne

$1/8$ l Wodka

Zesten von 2 unbehandelten Zitronen

75 ml Prosecco

ZUM SERVIEREN

Minze

ZUBEREITUNG

Gläser in den Gefrierschrank oder Kühlschrank geben.

Die Hälfte des Sorbets zur Seite stellen. Zitronensorbet etwas antauen lassen und mit Schlagsahne mit einem Handmixer cremig rühren. Wodka, Zitronenzesten und Prosecco unterheben.

In die vorgekühlten Gläser eine Kugel Zitronensorbet geben und mit Sgroppino auffüllen. Sofort servieren.

Mit einem Minzeblättchen anrichten.

TIPP

Das Zitronensorbet sollte gut gefroren sein. Nach dem Kaufen einige Stunden in den Gefrierschrank geben.

AZ: 5 MIN | ZZ: 15 MIN

CRÊPES AU CARAMEL

Französische Palatschinken mit Karamellsauce

ZUTATEN

Für 10 Stück

KARAMELLSAUCE

200 ml Milch

70 g Kristallzucker

1 EL Grand Marnier

50 g Butter

1/2 TL Fleur de Sel

CRÊPES

1 Ei

200–250 ml Vollmilch

100 g Weizenmehl

25 g flüssige Butter

1 EL Kristallzucker

1 TL Fleur de Sel

Öl zum Braten (Maiskeim-, Raps- oder Sonnenblumenöl)

CRÈME CHANTILLY

250 g Schlagsahne

1 EL Zucker

Mark von 1/2 Vanilleschote

ZUBEREITUNG

Für die Karamellsauce Milch in einem Topf erhitzen. Zucker in einer Pfanne schmelzen. Der Zucker muss vollständig geschmolzen, gebräunt sein und nach Karamell riechen. Etwas heiße Milch ins Karamell geben, mit dem Schneebesen gut rühren. Achtung, die Milch schäumt stark auf. Restliche Milch dazugeben und die Sauce nochmals erhitzen, bis sie eindickt, homogen ist und keine Zuckerklumpen mehr da sind. Zum Schluss Alkohol, Butter und Salz dazugeben.

Für die Crêpes in einer Schüssel Ei mit dem Schneebesen schaumig rühren. Restliche Zutaten dazugeben und zu einem Teig verrühren. Je nach Bedarf mit Mehl eindicken oder mit Milch flüssiger machen. Der Teig soll eher flüssig sein. Teig abschmecken, er sollte leicht salzig sein.

Öl in einer Pfanne erhitzen. In die Mitte der Pfanne etwas Teig gießen, Pfanne schräg halten und Teig verteilen. Der Teig soll die Pfanne nur hauchdünn bedecken.

Zuerst eine Seite goldbraun anbraten, wenden und dann die zweite Seite ebenso goldbraun braten. Nach jeder Crêpe wieder ein paar Tropfen Öl in die Pfanne geben. Crêpes im Backofen bei 60 °C warm halten.

Für die Crème Chantilly Schlagsahne mit Zucker und ausgekratztem Vanillemark aufschlagen.

Crêpes mit warmer Karamellsauce und Crème Chantilly servieren.

Französische Palatschinken mit Karamellsauce

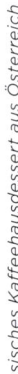

Klassisches Kaffeehausdessert aus Österreich

ZZ: 10 MIN

GERÜHRTER WIENER EISKAFFEE

Klassisches Kaffeehausdessert aus Österreich

ZUTATEN

4 kalte Espressi | 120 ml

250 ml Schlagsahne

300 g Vanilleeis | 8 Kugeln

50 ml Cognac

50 ml Whiskey

50 ml Eierlikör

einige Kaffeebohnen

ZUBEREITUNG

Espresso zubereiten und kaltstellen.

Schlagsahne mit dem Mixer aufschlagen. Die Hälfte der geschlagenen Sahne zur Seite geben. Die halbe Menge Vanilleeis vorsichtig einrühren, die Masse soll cremig bleiben. Danach den Alkohol und den Kaffee langsam unterheben. Jeweils eine Kugel vom restlichen Vanilleeis in ein Glas geben. Schlagsahne-Kaffe-Mischung in die Gläser gießen.

Mit geschlagener Sahne garnieren und etwas Kaffeebohne über den Kaffee reiben.

TIPPS

Dieses Getränk ist sehr abhängig von aromatischem und starkem Espresso. Unbedingt Espresso-Bohnen verwenden. In der Filtermaschine den Espresso mit wenig Wasser zubereiten.

Wenn ich besonders intensiven Espresso möchte, gehe ich ins nächste Kaffeehaus, nehme einen Becher mit und lasse mir dort einige Tassen abfüllen.

Den Espresso zum Kaltstellen in den Gefrierschrank geben. Dadurch bleibt das Eis länger kompakt.

Das Eis soll sehr hart sein. Nach dem Einkaufen sofort einfrieren.

Für dieses Dessert kannst du Spirituosen nach deinem Geschmack verwenden, wie Amaretto, Rum oder Baileys. Statt Eierlikör gib einfach 2 Eigelb dazu.

Ein sehr schnelles WOW-Dessert

ZZ: 10 MIN

SCHOKO-BUTTERCREME

Ein sehr schnelles WOW-Dessert

ZUTATEN

250 g Butter

100 g Schokolade

Mark von ¹/₂ Vanilleschote

5 EL Kakaopulver | 30 g

2 Eigelb

50 g Honig

¹/₂ TL Fleur de Sel

ZUBEREITUNG

Butter auf Zimmertemperatur bringen. Schokolade grob hacken und über dem Wasserbad schmelzen. Vanillemark auskratzen.

Alle Zutaten mit dem Stabmixer oder Handmixer cremig rühren. Sofort servieren oder kalt stellen.

TIPPS

Ich bevorzuge Bitterschokolade mit 70 % Kakaoanteil für dieses Dessert. Du kannst beliebige Sorten verwenden: weiß, Milch oder andere Zartbitter Varianten. Für eine weiße Mousse das Kakaopulver weglassen.

Verfeinere das Dessert mit Spirituosen oder Likör: Eierlikör, Grand Marnier, Rum, Marillenlikör etc.

Serviere das Dessert mit Keksen oder Waffeln.

Das Dessert ist im Kühlschrank einige Tage haltbar.

BISKUITROULADE

Österreichischer Mehlspeisenklassiker

ZUTATEN

MARILLENRÖSTER

500 g Marillen

$1/2$ Vanilleschote

50 g Kristallzucker

1 EL Zitronensaft

2 EL Grand Marnier

2 EL Rum

Zesten von $1/2$ unbehandelten Orange

1 Prise Salz

BISKUITROULADE

5 Eier

120 g Kristallzucker

1 Prise Salz

80 g Weizenmehl

etwas Rum oder Grand Marnier

Staubzucker zum Anstauben

ZUBEREITUNG

Backofen auf 180 °C Heißluft vorheizen.

Für den Marillenröster Früchte halbieren und entkernen. Vanillemark auskratzen, Schote und Mark verwenden. Alle Zutaten in einen Topf geben und einmal aufkochen. Den Röster bei mittlerer Hitze für zirka 30 Minuten köcheln lassen, bis alle Flüssigkeit verkocht und der Röster eingedickt ist. Auskühlen lassen.

Für die Biskuitroulade die Eier sorgfältig trennen ①. Eiweiß mit der Hälfte Zucker und Salz steifschlagen ②+③. Eigelb mit dem restlichen Zucker schaumig rühren, bis das Ei blassgelb ist ④. Mehl sieben. Nach und nach Eischnee und Mehl unter die Eigelb-Zucker-Masse heben und sorgfältig vermischen ⑤+⑥.

Die Masse auf ein Backblech mit Backpapier aufstreichen ⑦. Für 12–15 Minuten backen, bis die Biskuitroulade goldbraun ist. Nicht zu lange backen, die Roulade soll weich bleiben, sonst bricht sie beim Rollen.

Die fertig gebackene Roulade auf ein sauberes Tuch stürzen. Vom Backpapier lösen ⑧. Mit etwas Alkohol beträufeln, mit 200 g Marillenröster bestreichen und langsam einrollen ⑨–⑩. Die Roulade mit Staubzucker bestreuen und auskühlen lassen.

[→ Schritte siehe nächste Seite]

AZ: 10 MIN | ZZ: 40 MIN

GEGRILLTE ANANAS

Ein süß-saurer Gruß aus Hawaii

ZUTATEN

1 Ananas | 1 kg

Zesten und Saft von 1 unbehandelten Orange | 60 ml

Zesten und Saft von 1 unbehandelten Zitrone | 30 ml

3 EL Marillenmarmelade | 50 g

1/2 Vanilleschote

50 ml Grand Marnier

CRÈME CHANTILLY

250 g Schlagsahne

1/2 Vanilleschote

1 EL Grand Marnier

2 EL Zucker

ZUBEREITUNG

Backofen auf 220 °C Heißluft vorheizen.

Ananas schälen [→ Ananas schälen Seite 26]. Zesten von Orange und Zitrone abreiben, danach die Früchte auspressen. Mit Marillenmarmelade, ausgekratztem Vanillemark und Grand Marnier verrühren. Die Ananas damit einstreichen. Etwas Marinade aufheben.

Die Ananas auf ein Blech geben und je nach Größe 20–30 Minuten backen, bis sie gut gebräunt und der Zucker karamellisiert ist. Während dem Backen öfters mit der Marinade einstreichen.

Für die Crème Chantilly Schlagsahne mit Vanillemark, Grand Marnier und Zucker aufschlagen.

Die Ananas dünn schneiden und heiß mit Crème Chantilly servieren.

TIPPS

Die Ananas kannst du auch flambiert servieren, am besten mit Strohrum 60.

Statt mit Crème Chantilly schmeckt die Ananas auch sehr gut mit Vanilleeis.

ZZ: 5 MIN

SCHNELLES HIMBEERSORBET

Rosa Fruchtgenuss

ZUTATEN

1/2 Vanilleschote

Zesten und Saft von 1 unbehandelten Zitrone

600 g gefrorene Himbeeren

2 Eiweiß

80 g Staubzucker

2 EL Ribiselmarmelade (Johannisbeermarmelade)

1 Prise Fleur de Sel

ZUM SERVIEREN

200 g frische Himbeeren

Staubzucker

ZUBEREITUNG

Vanillemark auskratzen. Zitronenzesten abreiben, Zitrone auspressen. Alle Zutaten in ein hohes Gefäß geben und mit dem Stabmixer cremig rühren.

Sofort mit frischen Himbeeren servieren, anzuckern.

ZZ: 15 MIN

ZABAIONE

Weinchaudeau

ZUTATEN

5 Eigelb | 100 g
80 g Kristallzucker
1 Prise Fleur de Sel
50 ml Weißwein
50 ml Marsala

ZUM SERVIEREN

einige Amarettini
etwas Orangenzesten

ZUBEREITUNG

Einen Topf mit Wasser zum Kochen bringen.

Die Eigelb und den Zucker mit einem Mixer in einer Metallschüssel schaumig rühren. Salzen. Alkohol dazugeben, Schüssel auf den Topf stellen und bei mittlerer Hitze über Dampf so lange rühren, bis die Zabaione eindickt, schaumig und cremig ist (ca. 10 Minuten).

Die warme Zabaione in Gläser einfüllen, einige Amarettini und Orangenzesten darüberstreuen. Sofort servieren.

TIPPS

Zabaione kann mit einer Vielzahl an Weinen und Spirituosen zubereitet werden. Klassisch wird sie mit Marsala zubereitet, Sherry eignet sich auch hervorragend. Diese Weine können auch mit Weißwein gemischt werden. Auch Rotweine wie Portwein sind ideal für Zabaione. Als Spirituosen eignen sich Cognac, Grand Marnier oder Amaretto.

Weinchaudeau kann nicht vorbereitet werden und muss immer frisch zubereitet werden.

ANHANG

(Koch-)Begriffe,
Glossar, Bezugsquellen,
Menüvorschläge,
Rezeptregister
und mehr ...

WICHTIGE (KOCH-)BEGRIFFE

Als **ABLÖSCHEN** bezeichnet man das Zugeben von Flüssigkeit während dem Braten. Zum Ablöschen eignet sich jede Flüssigkeit: Wasser, Suppen, Milch, Wein oder Spirituosen. Durch das Ablöschen werden eingebrannte Aromen gelöst und verbessern dadurch den Geschmack der Speise.

AL DENTE bedeutet bissfest gekocht. Bissfest ist das Gegenteil von matschig. Pasta soll gar sein, aber nicht zu weich oder zerkocht.

Die **ALLROUND-EDELSTAHL-REIBE** ist mein Lieblingswerkzeug, um Zesten, Muskatnüsse oder Ingwer zu reiben. Sie besteht aus einem Kunststoffgriff und einer langen schmalen Reibe.

Beim **ABSEIHEN** werden Pasta, Nudeln etc. von der Kochflüssigkeit getrennt. Die Zutaten werden meistens in ein Sieb gegeben, damit die Flüssigkeit abtropfen kann.

ABSCHRECKEN bedeutet, eine heiße Zutat mit kaltem Wasser zu spülen oder in ein Eiswürfelbad zu geben. Dadurch wird der Kochprozess gestoppt und die Zutat bleibt im gewünschten Zustand.

Alle Germteige können **AUFGEHEN**. Durch die Germ vergrößert sich die Masse, der Teig wird locker und luftig.

Beim **BLANCHIEREN** werden Lebensmittel für wenige Sekunden bis zu einer Minute in kochend heißes Wasser gegeben, um z.B. Tomaten zu schälen oder die Farbe bei Brokkoli aufzufrischen. Danach muss das Lebensmittel sofort in kaltes Wasser mit Eiswürfeln, damit der Kochprozess gestoppt wird.

BRATENSATZ ist das Eingebrannte in einer Pfanne, welches beim scharfen Anbraten entsteht. Er enthält viele Röstaromen und wird durch Ablöschen mit einer heißen Flüssigkeit von der Pfanne gelöst.

Mit **BUTTER MONTIEREN** bedeutet die Sauce mit kalter Butter eindicken.

BURRATA ist ein Frischkäse, ähnlich wie Mozzarella. Sie besteht ebenso aus Büffelmilch und ist gefüllt mit einer Mischung aus Schlagsahne und Mozzarellasträngen. Dadurch schmeckt die Burrata besonders cremig.

COGNAC ist ein alkoholisches Getränk aus Frankreich. Es ist ein Weinbrand, der in der Region Cognac produziert wird und aus Trauben entsteht. Cognac hat mindestens 36 Vol.-% und zählt zu den Spirituosen.

COUSCOUS ist ein nordafrikanisches Weizenprodukt. Er wird aus Hartweizengrieß hergestellt.

CRÈME CHANTILLY ist eine Mischung aus Schlagsahne, Zucker und Vanille. Der Name Chantilly stammt von dem gleichnamigen Ort, der außerhalb von Paris liegt.

FLEUR DE SEL ist ein handgeschöpftes Meersalz, es bedeutet übersetzt Salzblume und kommt vorwiegend aus Frankreich. Fleur de Sel hat einen leichteren und feineren Geschmack als normales Meer- oder Steinsalz.

Ein **HÜHNERFOND** ist eine Brühe, die aus Hühnerfleisch und Gemüse gekocht wird. Der Fond dient als Grundlage für Saucen, zum Kochen von Gemüse, für Risotto oder zum Ablöschen.

GERSTENMALZ wird aus gekeimtem Getreide hergestellt und ist ein Backmittel für besseren Geschmack. Weiters wird die Kruste verbessert.

GRAND MARNIER ist eine französische Spirituose aus Cognac, Bitterorange und Zucker mit 40 Vol.-%.

GLASIG BRATEN bedeutet das Anbraten von Gemüse, Fisch etc., ohne es zu bräunen. Das Gemüse wird leicht durchsichtig und behält seinen Eigengeschmack.

GRUYÈRE ist ein würziger Hartkäse aus Kuh-Rohmilch aus der Schweiz.

GUSSEISERNE TÖPFE sind schwere Eisentöpfe und -pfannen. Durch ihre sehr guten Wärmeeigenschaften sind sie ideal zum Schmoren und für Speisen, die lange kochen (z.B. Ragù alla bolognese). Gusseisernes Geschirr ist mit oder ohne Beschichtung erhältlich und hat eine hohe Lebensdauer.

KAFFIR-LIMETTENBLÄTTER sind die essbaren Blätter des Kaffir-Limettenbaums. Sie werden häufig in der Thaiküche verwendet.

MACIS ist der essbare Mantel der Muskatnuss. Es schmeckt lieblicher und feiner als Muskatnuss. Es passt zu allen Speisen, bei denen du Muskatnuss dazugibst. Du kannst Muskatnuss ersatzweise verwenden.

MASCARPONE ist ein italienischer Doppelrahm-Frischkäse und wird sehr viel in der Dessertküche verwendet, z.B. für Tiramisu.

Eine **SAUCE REDUZIEREN** bedeutet, dass sie ohne Deckel gekocht wird, bis das Wasser verdampft und die Sauce ohne Zugabe von Verdickungsmitteln (Stärke, Mehl etc.) eindickt. Durch das Reduzieren intensiviert sich der Geschmack, die Menge wird gleichzeitig weniger.

Ein **SPARSCHÄLER** ist ein Küchenutensil aus Metall, um Kartoffeln, Spargel etc. zu schälen.

STAUBEN bedeutet das Bestreuen von Lebensmitteln mit Mehl.

TOMATENPASSATA sind passierte Tomaten oder Tomatenpüree. Die Passata ist meistens nur leicht gesalzen, wird im Tetrapak, in Dosen oder Gläsern verkauft.

TRANCHIEREN bezeichnet das richtige Zerteilen und Zerlegen von Fleisch, Fisch oder Geflügel.

VOLLMILCH ist Kuhmilch mit dem höchsten Fettanteil von zirka 3,5 %. Da Fett ein wichtiger Geschmacksträger ist, verwende ich nur frische Vollmilch.

VORLEGEBESTECK ist Besteck, welches zum Anrichten und Servieren am Esstisch verwendet wird. Vorlegebesteck ist größer als Essbesteck und deswegen ideal zum Portionieren von Speisen.

IM WASSERBAD KOCHEN bedeutet, einen Topf mit Wasser zum Kochen zu bringen. Auf den Topf gibst du eine Schüssel. Durch den Wasserdampf erwärmt sich die Schüssel und die Speisen darin werden sanft gekocht.

WORCESTERSHIRESAUCE ist eine fermentierte Würzsauce und hat ein süß-sauer-pikantes Aroma. Die Hauptzutaten sind Essig, Zucker, Sardellen und Tamarinde.

ZESTE ist die Schale von Zitrusfrüchten (z.B. Orangen und Limetten). Zesten beinhalten die ätherischen Öle und das Aroma der Zitrusfrucht. Zesten können mit einer Allround-Edelstahl-Reibe oder einem Zestenreißer gewonnen werden.

GLOSSAR

Fleischhauer	Metzger
Karotte	Möhre
Knödel	Klöße
Marille	Aprikose
Marmelade	Konfitüre
Orange	Apfelsine
Palatschinke	Gefüllter Eierkuchen
Pfefferoni	Peperoni
Sauerrahm	Saure Sahne
Semmelbrösel	Paniermehl
Staubzucker	Puderzucker
Topfen	Quark
Vogerlsalat	Feldsalat
Zwetschken	Zwetschgen, Pflaumen

BEZUGSQUELLEN

Die meisten Lebensmittel, die in diesem Kochbuch vorkommen, sind in regulären Supermärkten oder beim Lebensmittel-Diskonter erhältlich. Obst und Gemüse kaufe ich bevorzugt in lokalen Bauernläden oder am Markt.

PFEFFERSORTEN UND ANDERE GEWÜRZE
www.spiceworld.at
www.ankerkraut.de

FLEUR DE SEL GROSSPACKUNGEN
www.fleur-de-sel24.de

ITALIENISCHE LEBENSMITTEL
www.sapori-del-sud.at
www.amatulli.de
www.emilia.de

FRANZÖSISCHE LEBENSMITTEL
www.aureliebastian.de
www.unjourenfrance.at

ASIATISCHE LEBENSMITTEL
Frische Zutaten wie Zitronengras oder Thai-Basilikum findest du im lokalen Asialaden in deiner Stadt.

www.hongkongshop.at
www.asiafoodland.de
www.reishunger.de

KÜCHENHELFER
www.biber.com
www.springlane.de
www.kochform.de
www.chuchilade.ch

WEIN UND SPIRITUOSEN
www.drbottle.at
www.weinquelle.com
www.hawesko.de

GERSTENMALZ
Erhältlich im Reformhaus, Bio- oder Naturkostgeschäft.

MENÜ VORSCHLÄGE

Ob für den schnellen Hunger, ein großes Fest
oder Gäste mit besonderen Ernährungsstil, die folgenden
Menüvorschläge sind für viele Gelegenheiten passend.

ELEGANTES MENÜ

I. Saibling-Ceviche, 57
II. Saltimbocca, 144
III. Gerührter Wiener Eiskaffee, 175

IM SOMMER

I. Mozzarella-, Tomaten- und
Pfirsich-Salat, 62
II. Steak nach Alexander-Art, 130
III. Sgroppino, 171

IM WINTER

I. Käsefondue, 81
II. Schoko-Buttercreme, 177

ITALIENISCHES MENÜ

I. Zuppa Pavese, 70
II. Südtiroler Zitronenforelle, 143
III. Zabaione, 187

ÖSTERREICHISCHES MENÜ

I. Schinken-Sauerrahm-Toast, 84
II. Rindsroulade, 151
III. Biskuitroulade, 178

ASIATISCHES MENÜ

I. Tom Khai Gai, 68
II. Beef Stir Fry, 104

FRANZÖSISCHES MENÜ

I. Salade Niçoise, 61
II. Coq au vin, 165
III. Crêpes au caramel, 172

VEGETARISCHES MENÜ

I. Rote-Rübe-, Meerrettich- und
Burrata-Salat, 65
II. Baked Sweet Potatoes mit
Chili-Crème-Fraîche, 114
III. Schnelles Himbeersorbet, 184

FÜR VIELE GÄSTE

I. Schinken-Sauerrahm-Toast, 84
II. Zürcher Geschnetzeltes, 135
III. Biskuitroulade, 178

ALPHABETISCHES REZEPTREGISTER

A

Ameisen am Baum, 127
Ananas, gegrillt, 183

B

Baked Sweet Potatoes mit Chili-
  Crème-Fraîche, 114
Báhn mì, 78
Beef Stir Fry, 104
Biskuitroulade, 178
Boeuf Stroganoff, 139
Brathuhn in der Folie, 154
Butter-Kartoffelpüree, 162
Butter-Toastbrot, 90

C

Caesar Salad, 67
Chicken-Tomaten-Curry, 100
Club-Sandwich mit Huhn und
  Zitronen-Joghurt-Sauce, 82
Coq au vin, 165
Corn on the Cob, 122
Crêpes au caramel, 172

D

Dinkelweckerl, 89

E

Erbsen-Wasabi-Suppe, 73

G

Gegrillte Ananas, 183
Gerührter Wiener Eiskaffee, 175
Geschnetzeltes, Zürcher, 135

H

Himbeersorbet, schnell, 184
Hühnerfond, 50

K

Karotten mit Koriander-Pesto, 120
Käse im Brotlaib, 77
Käsefondue, 81
Koriander-Pesto, Karotten mit
Kräuterbutter, 120

L

Lachsfilet à la Sauce
  Béarnaise, 140

M

Mayonnaise, schnell, 46
Mozzarella-, Tomaten- und
  Pfirsich-Salat, 62

P

Pasta Carbonara, 94
Penne alla Wodka, 97
Pilz-Frikassee, 119
Potato Tostato, 117

Q

Quinoa Bowl, 108

R

Rindsroulade, 151
Risi e Bisi, 107
Risotto Venezia, 111
Rote-Rübe-, Meerrettich- und
  Burrata-Salat, 65

S

Saibling-Ceviche, 57
Salade Niçoise, 61
Saltimbocca, 144
Scaloppine al Marsala, 137
Schinken-Sauerrahm-Toast, 84
Schnelle Mayonnaise, 46
Schnelles Himbeersorbet, 184
Schoko-Buttermousse, 177
Schweinsbraten, 159
Sellerie-Chips, 125
Sgroppino, 171
Steak nach Alexander-Art, 130
Suppenwürze, 52
Südtiroler Zitronenforelle, 143

T

Teriyaki-Spieße, 132
Thai-Rindfleischsalat, 58
Tom Khai Gai, 68

W

Wiener Eiskaffee, gerührt, 175

Z

Zabaione, 187
Zucchini-Pasta-Genovese, 99
Zuppa Pavese, 70
Zürcher Geschnetzeltes, 135

MEINE KOCHSCHULE
IN WIEN

Jeder, der mich kennt, weiß, dass ich tolles Essen, die schönen Dinge des Lebens und ansprechendes Design liebe.

SIMPLY GOOD FOOD. Kochen, Lernen & Erleben

In meiner Kochschule stehen Genuss, kulinarische Extravaganz, Liebe zum Detail und Spaß am Kochen an erster Stelle.

Wenn du gerne kochst, raffiniertes Essen und feine Küche liebst, dir deine Gesundheit und dein Wohlbefinden wichtig sind, dann bist du bei mir richtig. Neben vielen Tipps und Tricks sowie praktischem Wissen zeige ich dir in meiner Kochschule, wie du zum Küchenprofi wirst.

Meine Küchenphilosophie verbindet sämtliche großen Trends und Bewegungen der traditionellen und aktuellen Gourmetströmungen und grenzt nichts aus.

Neben Pasta und klassischer italienischer Küche koche ich in der Kochschule auch französisch, asiatisch, das Beste vom Fleisch, französische Patisserie und natürlich auch österreichische Küche.

Selbstverständlich unterrichte ich auch vegetarische, veganen Küche und RAW Cuisine.

Wenn du nicht nach Wien kommen kannst, komme ich auch gerne zu dir nach Hause, für Einzelprivatkurse oder mit mehreren Personen.

Aktuelle Kurstermine findest du immer auf meiner Website.

WWW.JULIANKUTOS.COM

DANK

Ich widme dieses Kochbuch meinem Großvater zu seinem 80. Geburtstag. Danke, Opa, dass du immer für mich da warst und mich so großzügig unterstützt hast. Herzlichen Dank an meine Familie. Einen großen Dank an meine Inspiration und meine Förderer, Alexander und Elisabeth. Weiters danke ich Anita, Christina und dem gesamten Team vom Löwenzahn Verlag.

ÜBER MICH

In frühester Kindheit wurde ich durch die Kochkunst meiner Großmutter geprägt, die mir die Liebe zu Geschmack und Genuss mit ihrer steirischen Küche beigebracht hat. Während meines Marketing-Studiums entdeckte ich meine Freude am Kochen.

Nach dem Studium zog es mich nach Shanghai. Dort fesselte mich ein bahnbrechender Lifestyle, der mich weiter nach Kalifornien führte, um dort die Ausbildung zum Gourmet RAW Food Chef im „Living Light Institute of Culinary Arts" erfolgreich zu absolvieren. Danach verschlug es mich nach Berlin, wo ich mich durch vegane und rohköstliche Restaurants kochte. In dieser multikulturellen Metropole, wo verschiedenste Kulturen mit ihren Küchen aufeinandertreffen, wurde mir bewusst, dass ich über den Tellerrand schauen muss, um beruflich weiterzukommen, und dass es noch viel mehr zu entdecken gibt als nur die roh-vegane Küche.

2015 ging ich ins für mich kulinarischste Land der Welt: nach Frankreich. Es ist ein Land wie kein anderes, welches sich dem Genuss, der exzellenten Küche und den herausragenden Zutaten in jeder einzelnen Region widmet. Ich erfüllte mir einen lang ersehnten Traum, ich lernte französische Küche und Patisserie beim Großmeister Alain Ducasse. Den Abschluss am „Centre de Formation Alain Ducasse" bildete ein Praktikum im legendären Eiffelturm-Restaurant „Le Jules Verne" auf der zweiten Turmebene.

Nach Paris gründete ich meine eigene Kochschule in Wien, wurde Falstaff-Food-Blogger mit einer wöchentlichen Rezept-Kolumne. Weiters bin ich auf Messen und Events im In- und Ausland als Showkoch tätig und bleibe weiterhin neugierig und hungrig.

2017 erschienen meine ersten drei Kochbücher „Simply Pasta, Pizza & Co.", „Simply Veggie" und „Simply Quick" im Löwenzahn Verlag.

SIMPLY GOOD FOOD – MEINE KOCHBÜCHER

ISBN 978-3-7066-2618-7   ISBN 978-3-7066-2619-4

IMPRESSUM

Auflage:

2020	2019	2018	2017
4	3	2	1

© 2017 by Löwenzahn in der Studienverlag Ges.m.b.H.,
Erlerstraße 10, A-6020 Innsbruck
E-Mail: loewenzahn@studienverlag.at
Internet: www.loewenzahn.at

Umschlag- und Buchgestaltung sowie grafische Umsetzung:
Miriam Strobach, www.lefoodink.com
Grafische Assistenz: Martina Kogler, www.lefoodink.com
Fotografien: Wolfgang Hummer, www.wolfganghummer.com

Gedruckt auf umweltfreundlichem, chlor- und säurefrei
gebleichtem Papier.

Bibliografische Information Der Deutschen Bibliothek
Die Deutsche Bibliothek verzeichnet diese Publikation in der
Deutschen Nationalbibliografie; detaillierte bibliografische
Daten sind im Internet über <http://dnb.ddb.de> abrufbar.

ISBN 978-3-7066-2620-0